Los mejores libros de pintar para adultos (Edificios, pueblos y ciudades)

Este libro contiene 48 láminas para colorear que se pueden usar para pintarlas, enmarcarlas y / o meditar con ellas. Puede fotocopiarse, imprimirse y descargarse en PDF e incluye otros 19 libros en PDF adicionales. Un total de más de 600 páginas para colorear.

La dirección web de la versión descargable de este libro se puede encontrar en

Contraseña - P16

https://www.lipdf.com/product/12/

https://www.lipdf.com/product/13/

https://www.lipdf.com/product/14/

https://www.lipdf.com/product/15/

https://www.lipdf.com/product/16/

https://www.lipdf.com/product/17/

https://www.lipdf.com/product/18/

https://www.lipdf.com/product/19/

https://www.lipdf.com/product/20/

https://www.lipdf.com/product/21/

https://www.lipdf.com/product/22/

https://www.lipdf.com/product/23/

https://www.lipdf.com/product/24/

https://www.lipdf.com/product/25/

https://www.lipdf.com/product/26/

https://www.lipdf.com/product/27/

https://www.lipdf.com/product/28/

https://www.lipdf.com/product/29/

https://www.lipdf.com/product/30/

https://www.lipdf.com/product/31/

https://www.lipdf.com/product/32/

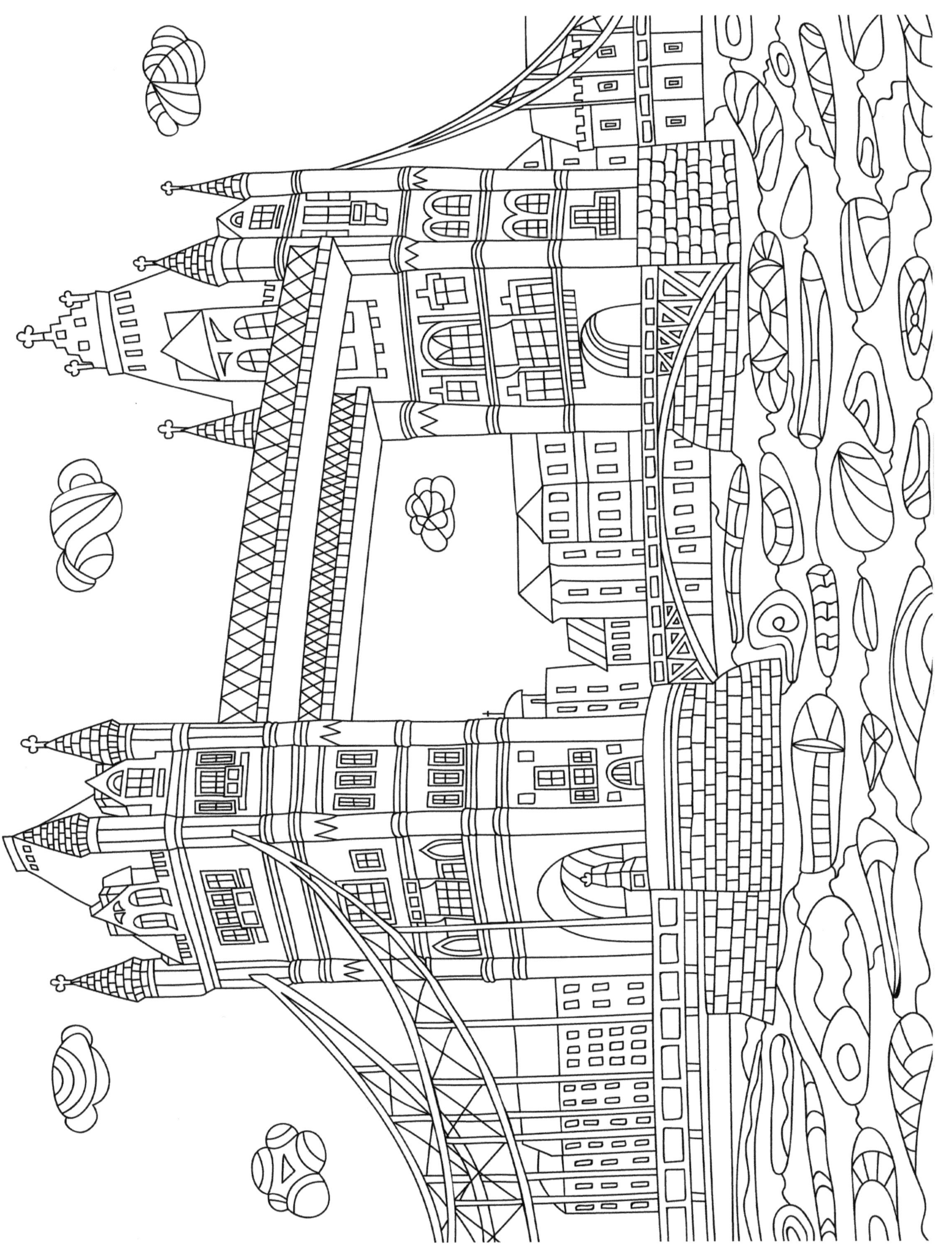

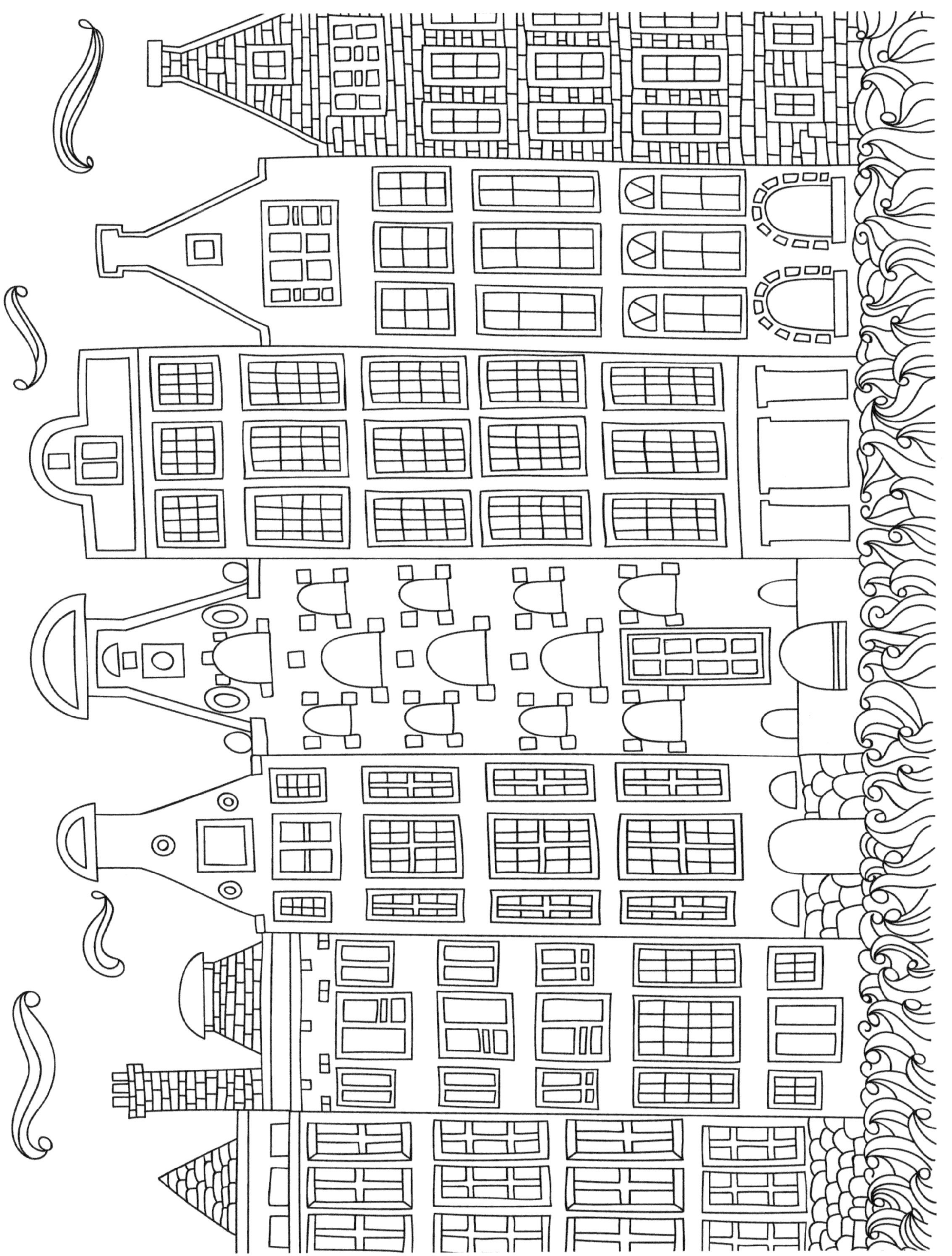

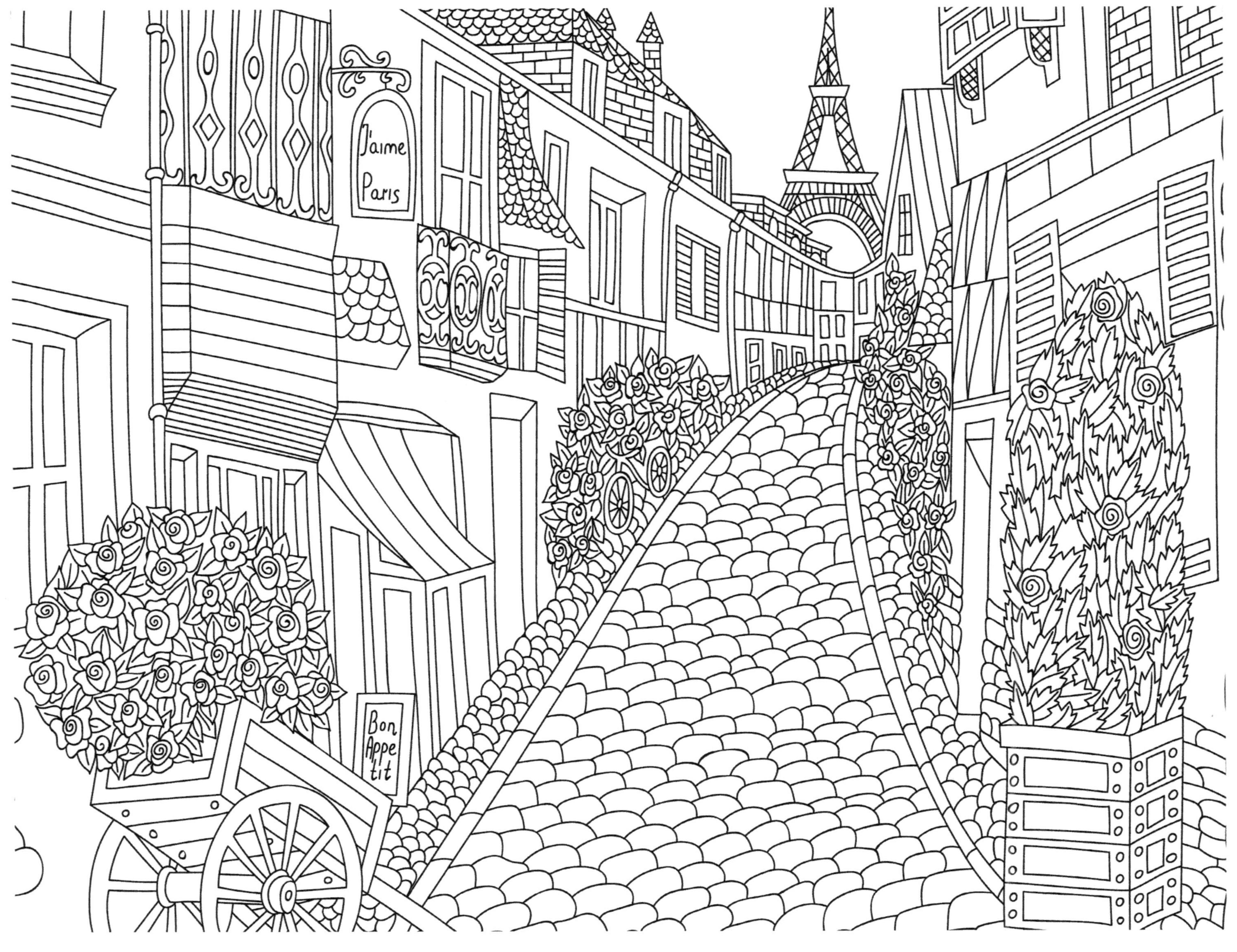
J'aime Paris
Bon Appetit

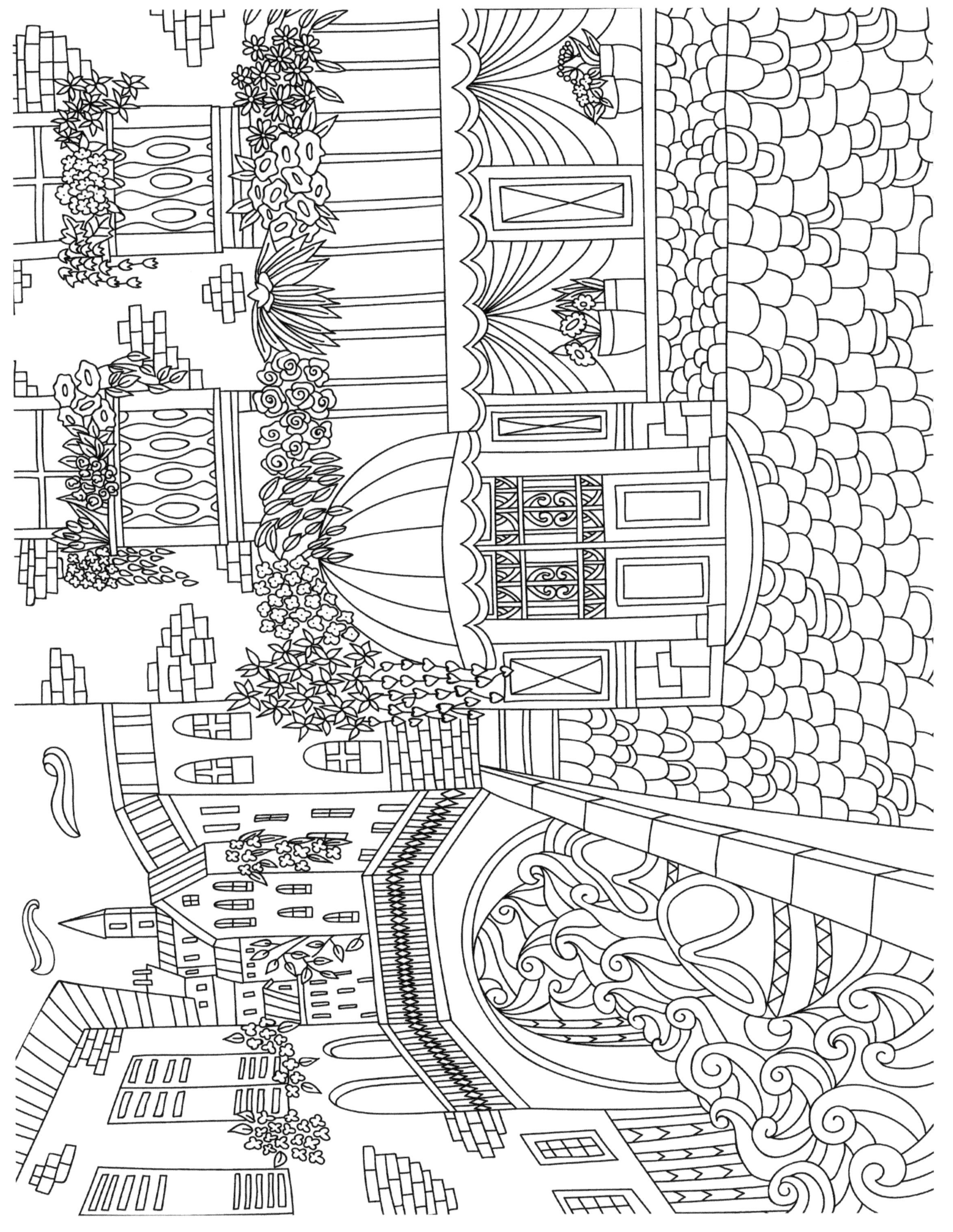

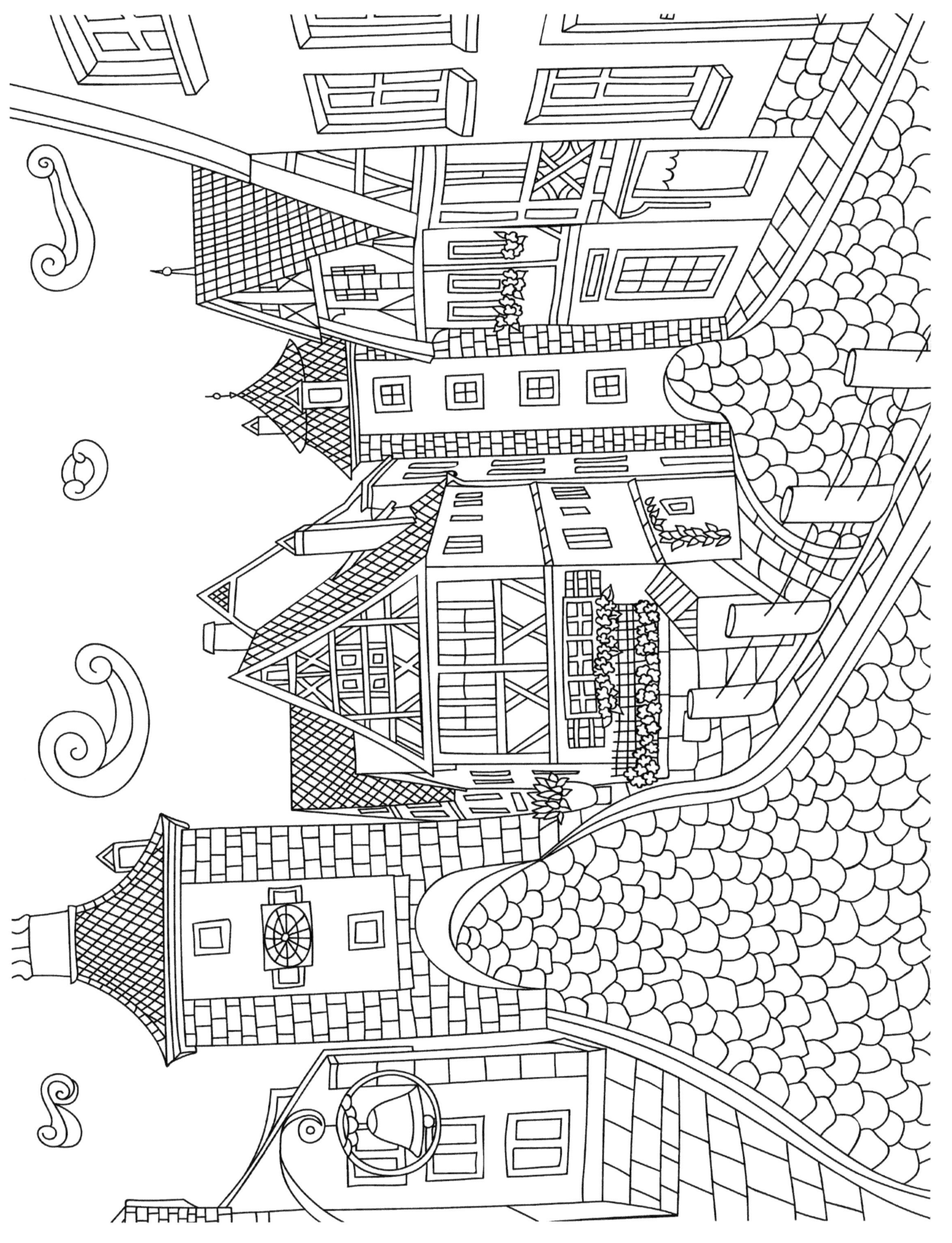

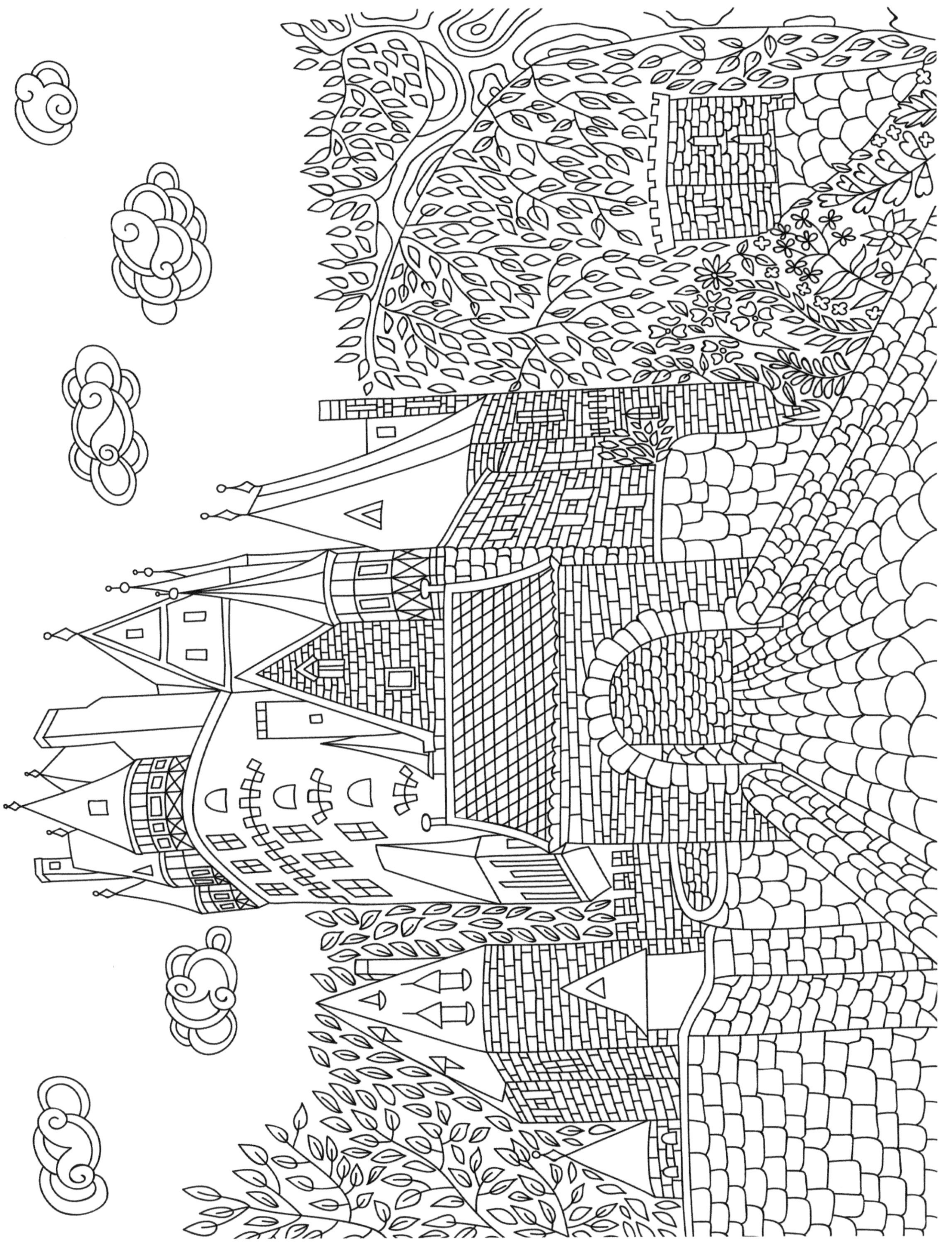

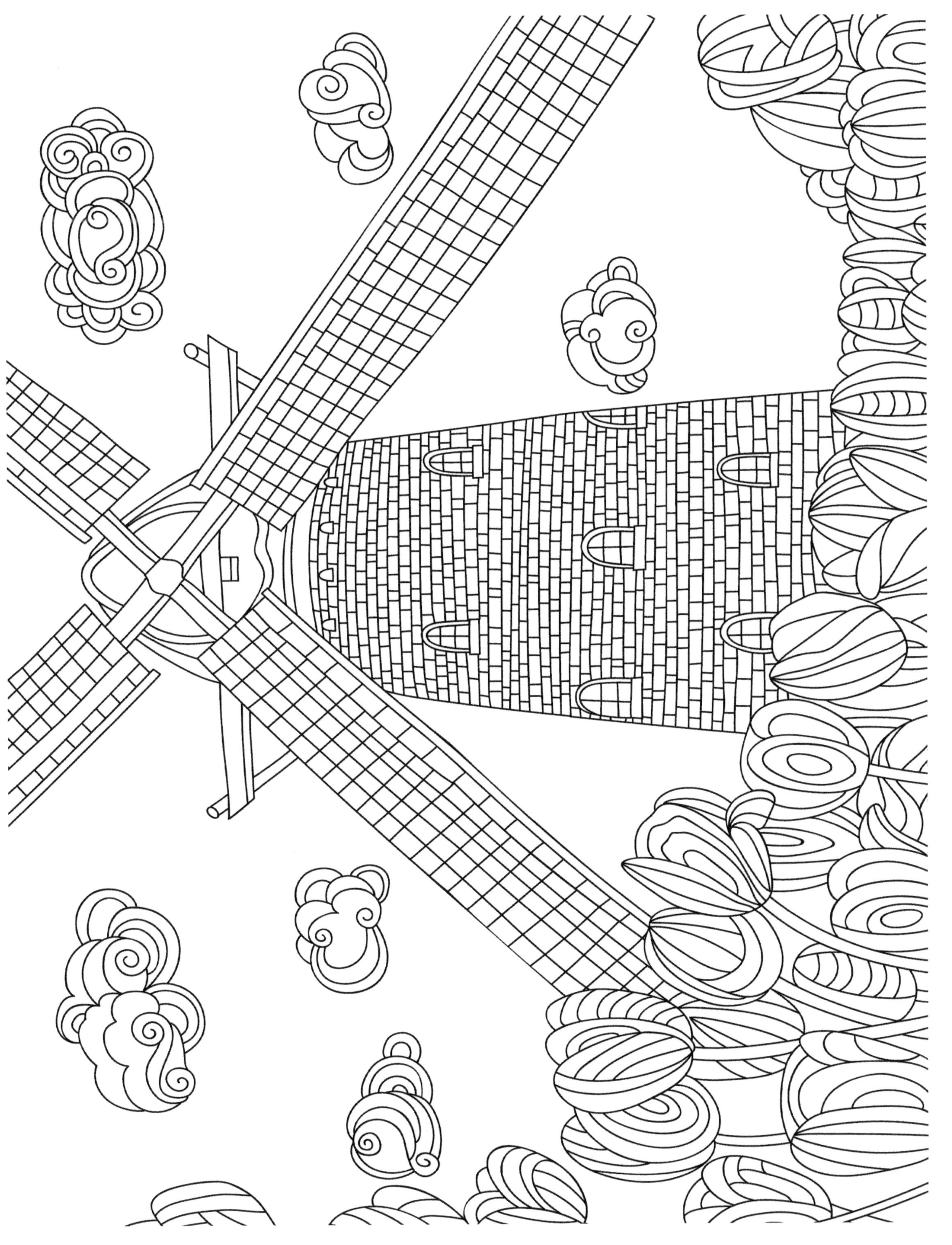

PASSWORD FOR PDF VERSION: fgt453

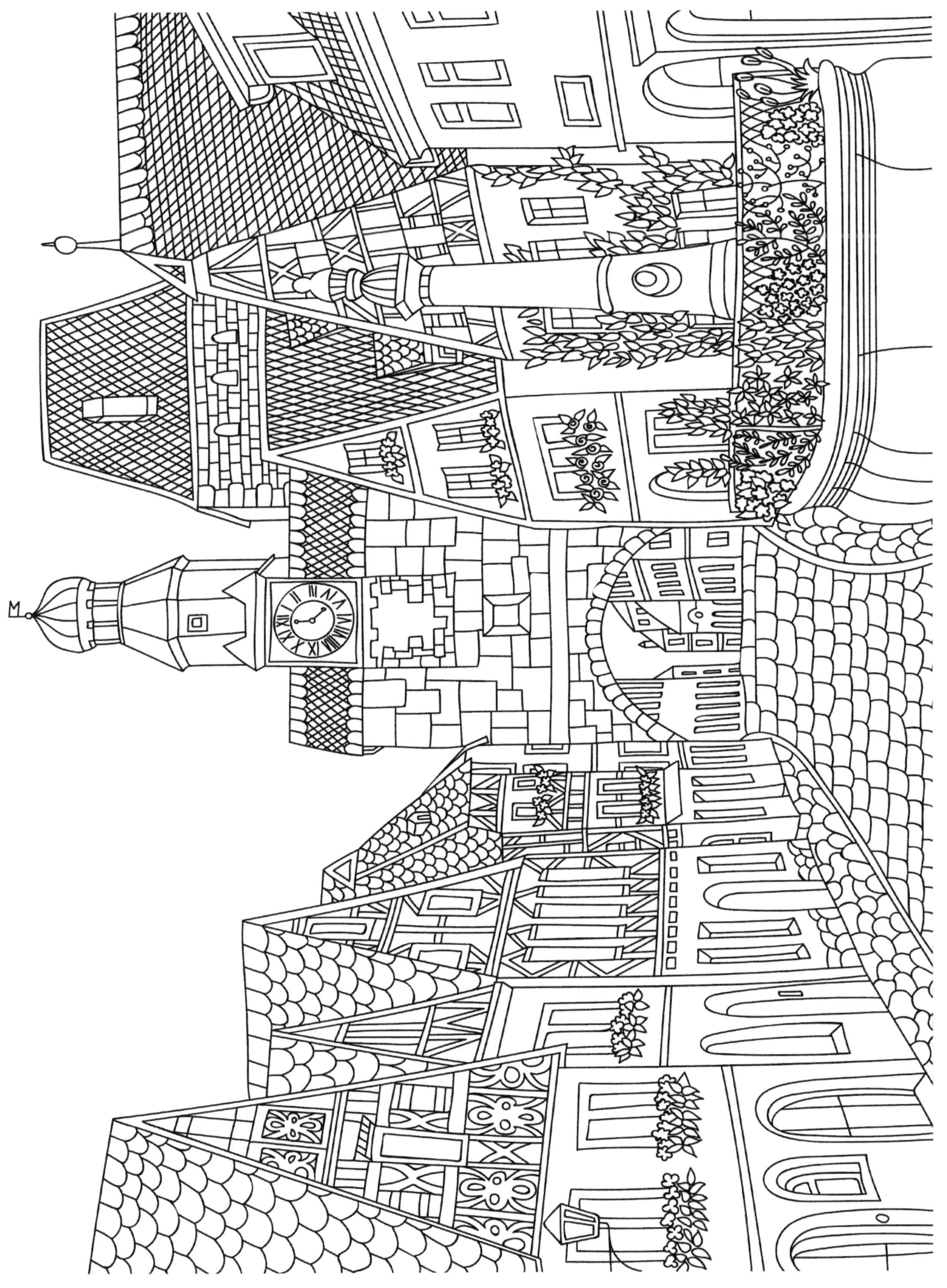

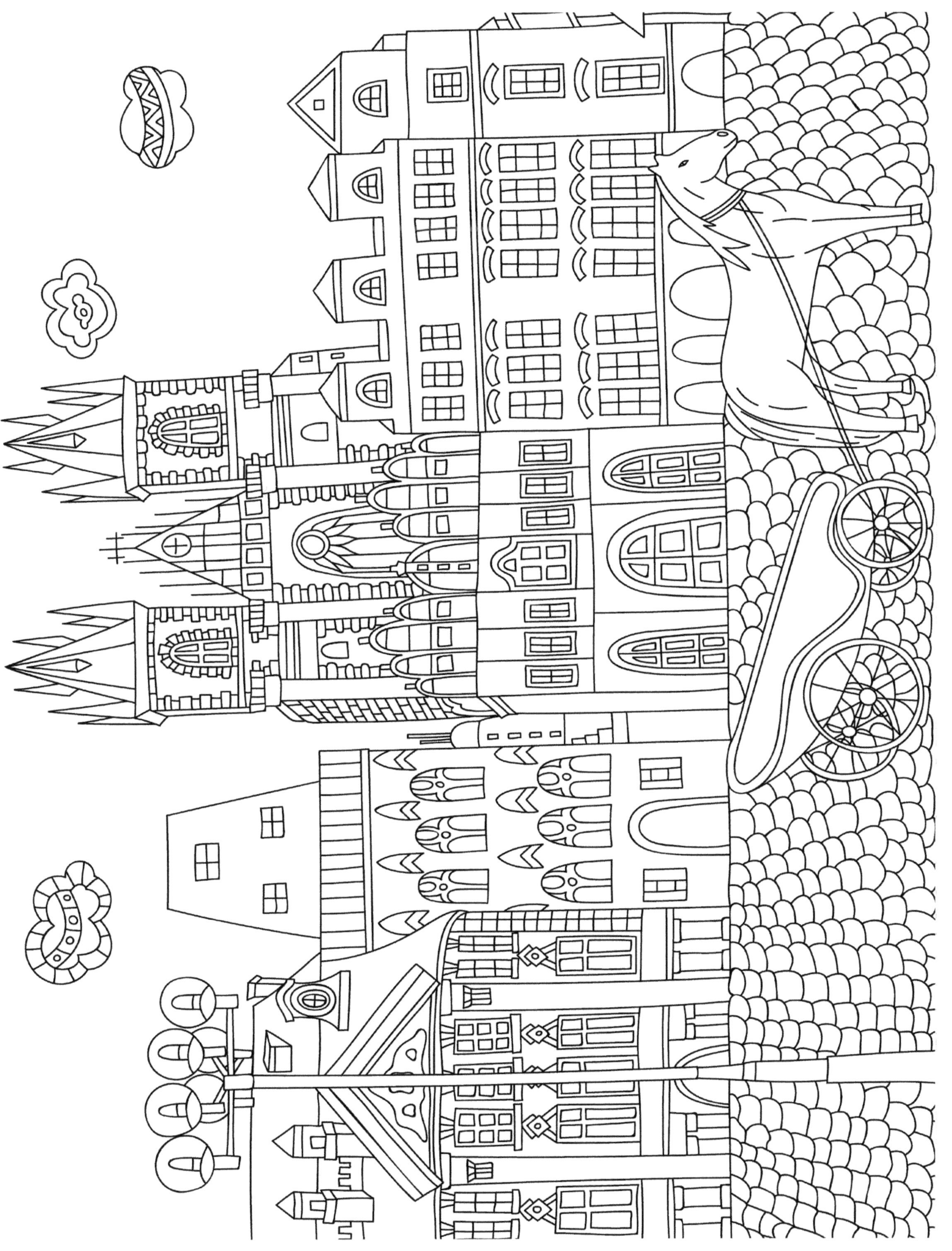

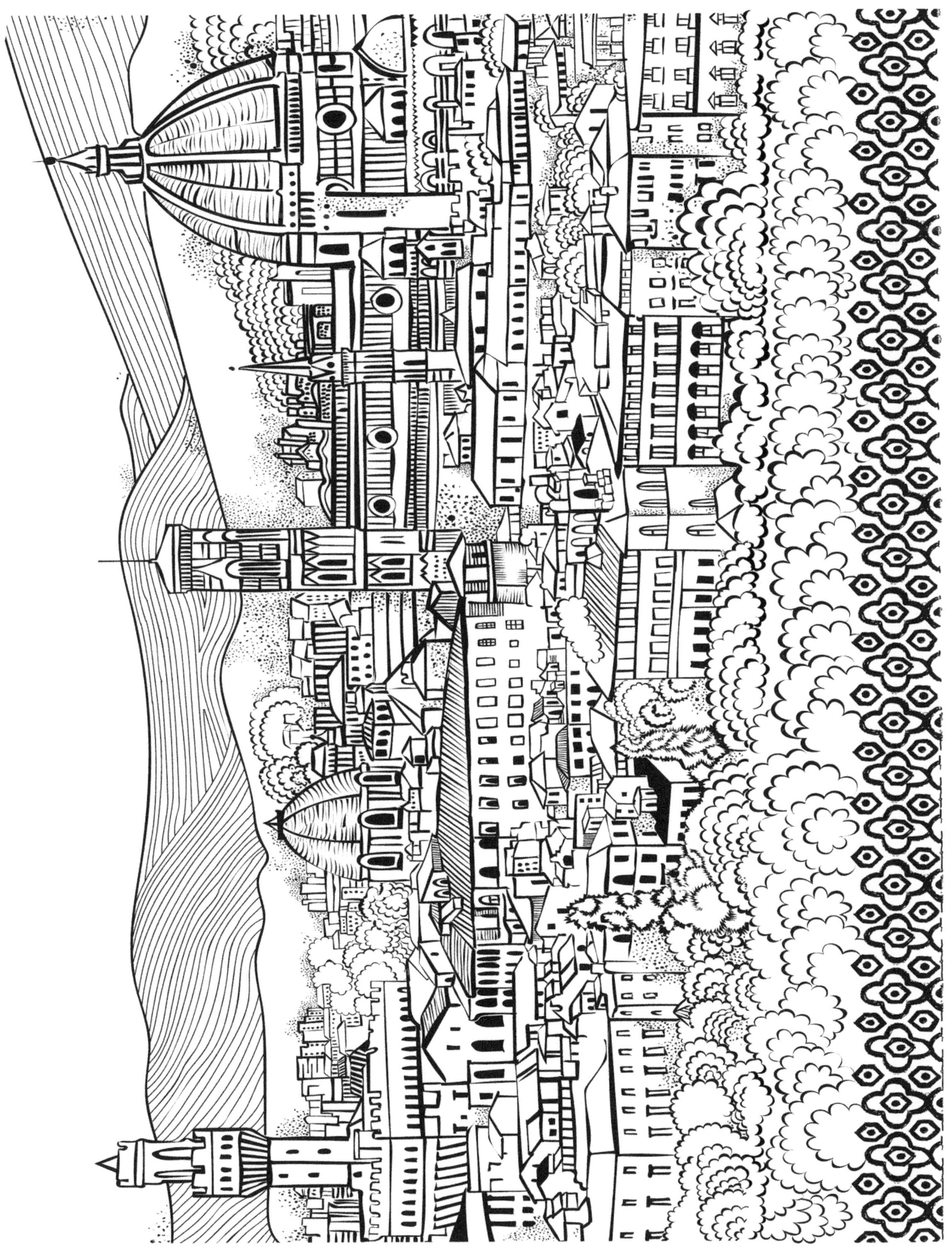

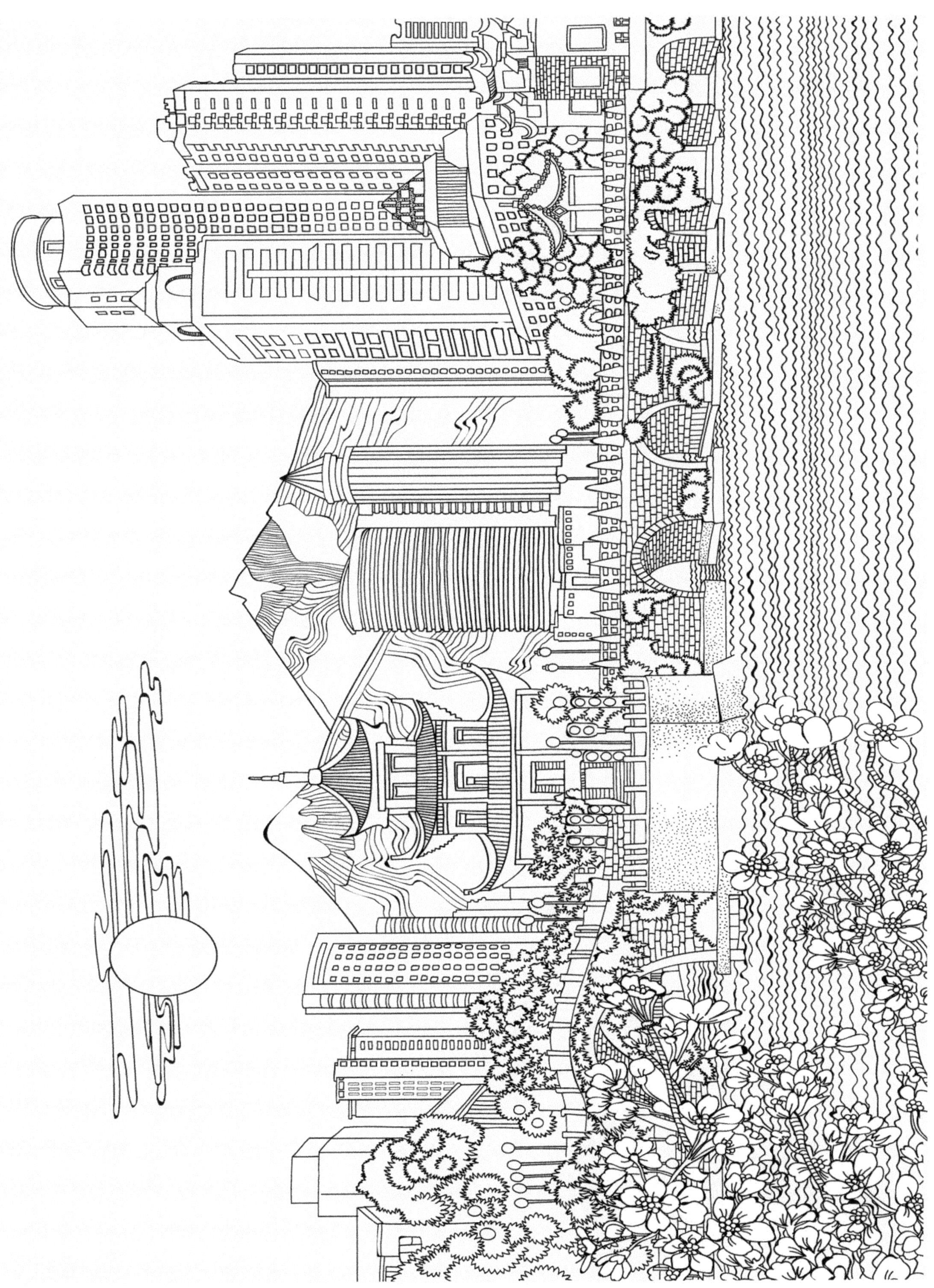

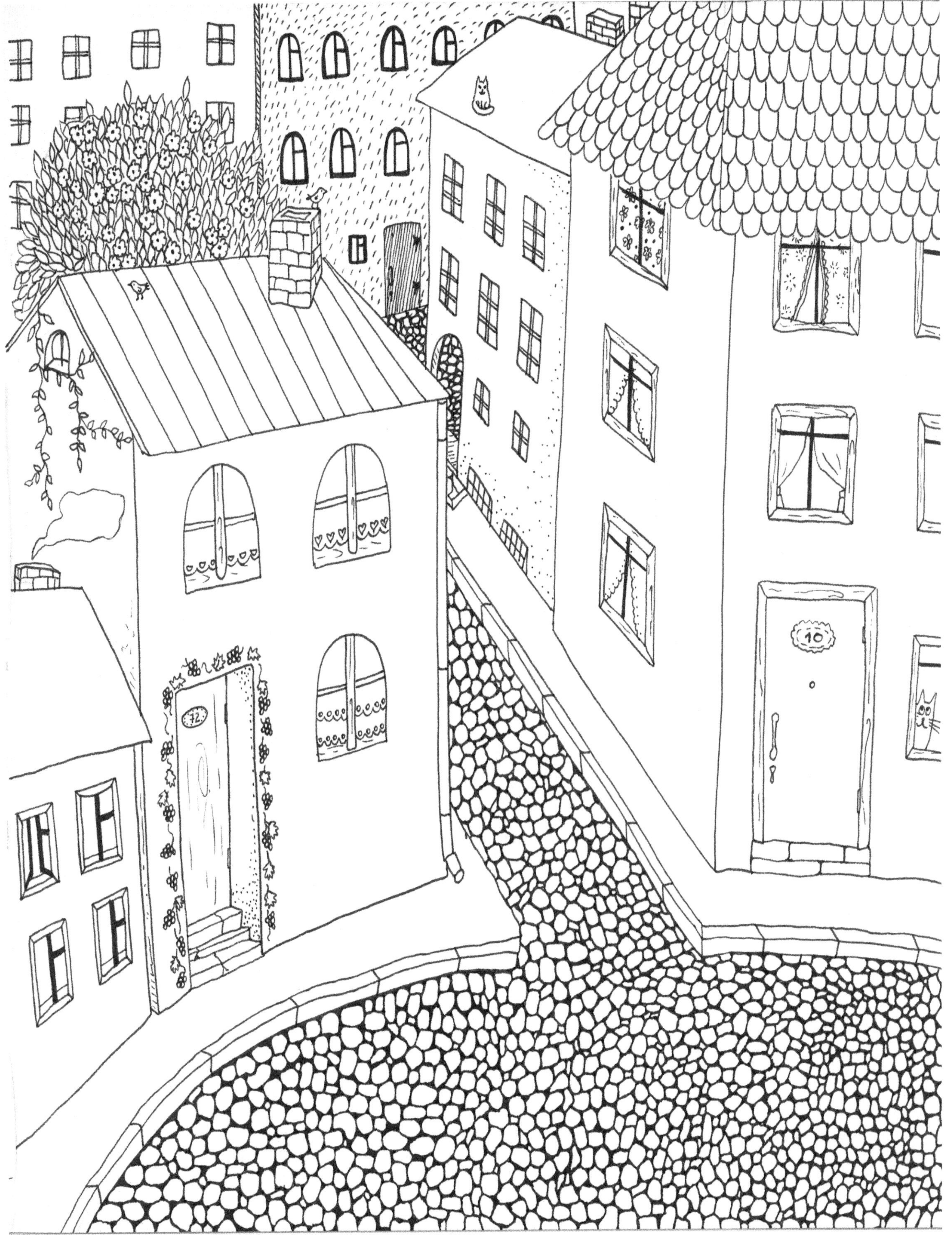
72
10

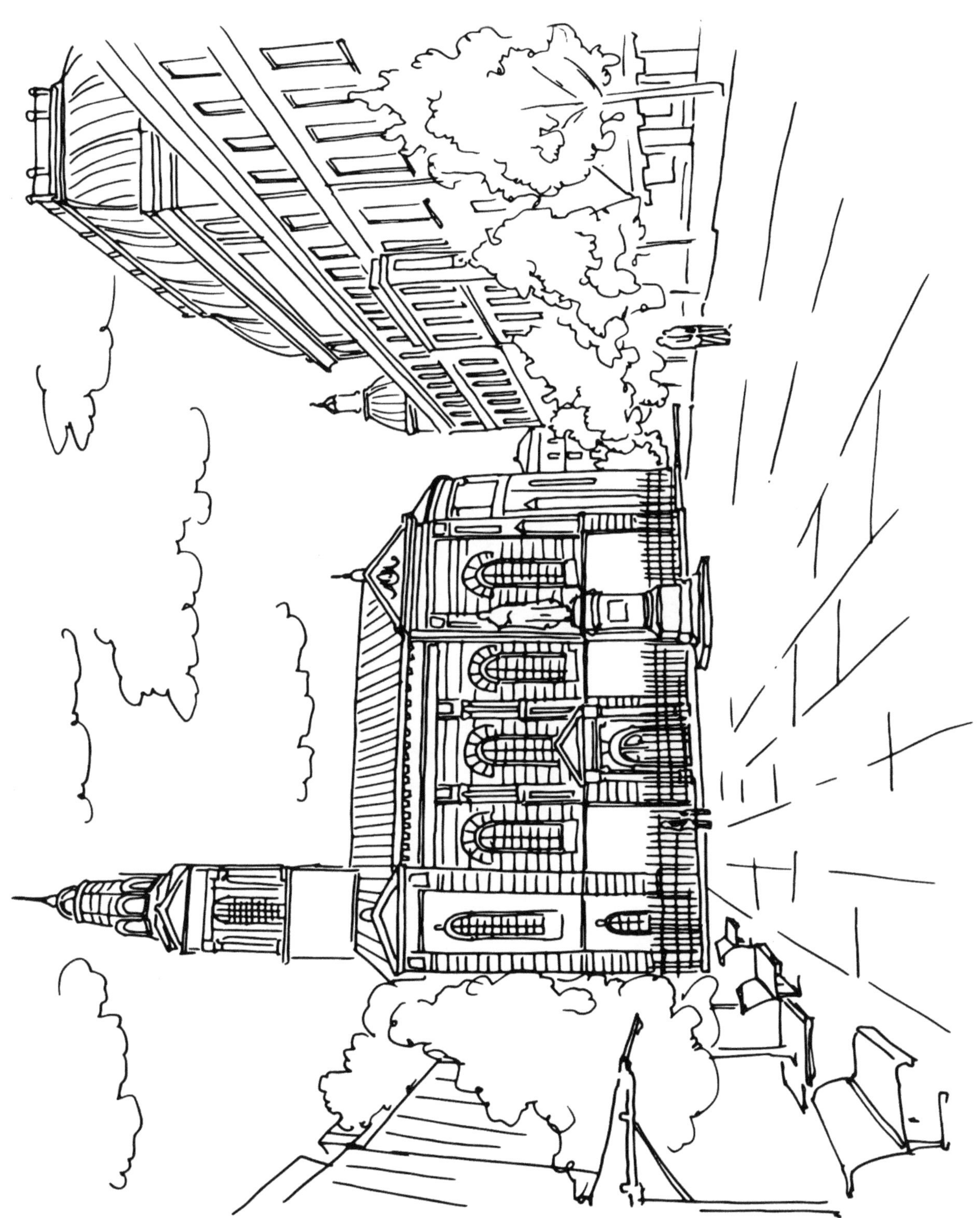

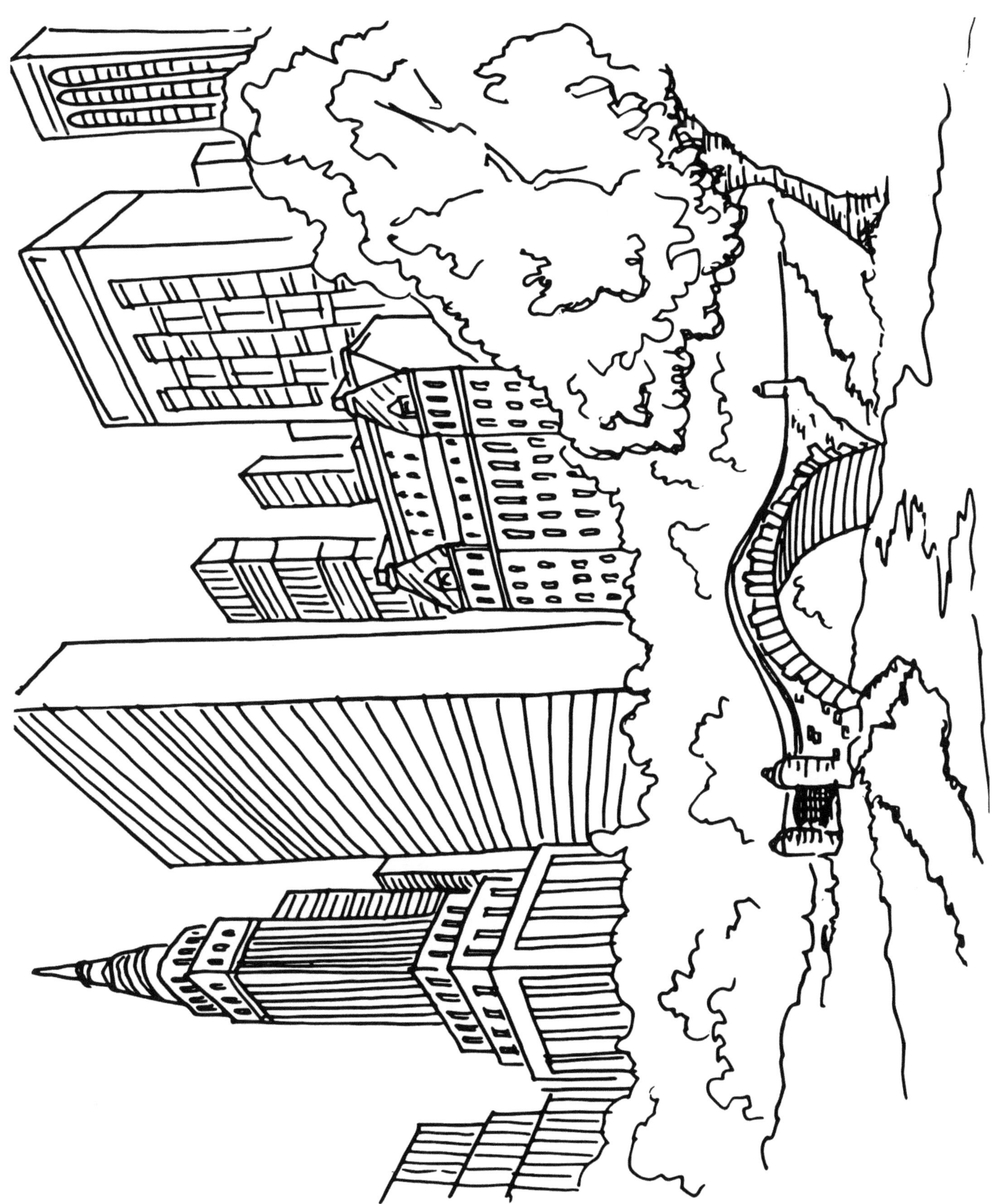

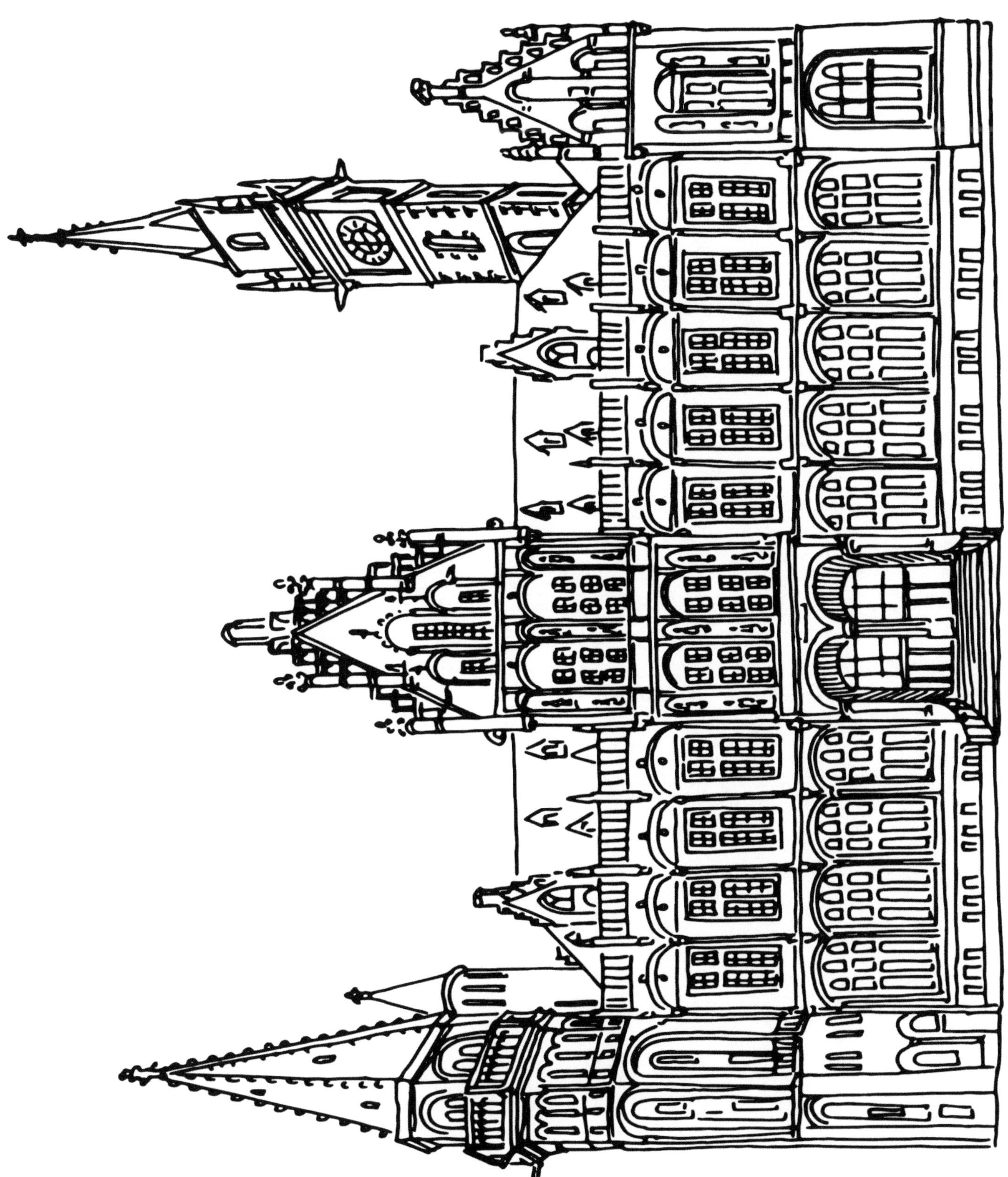

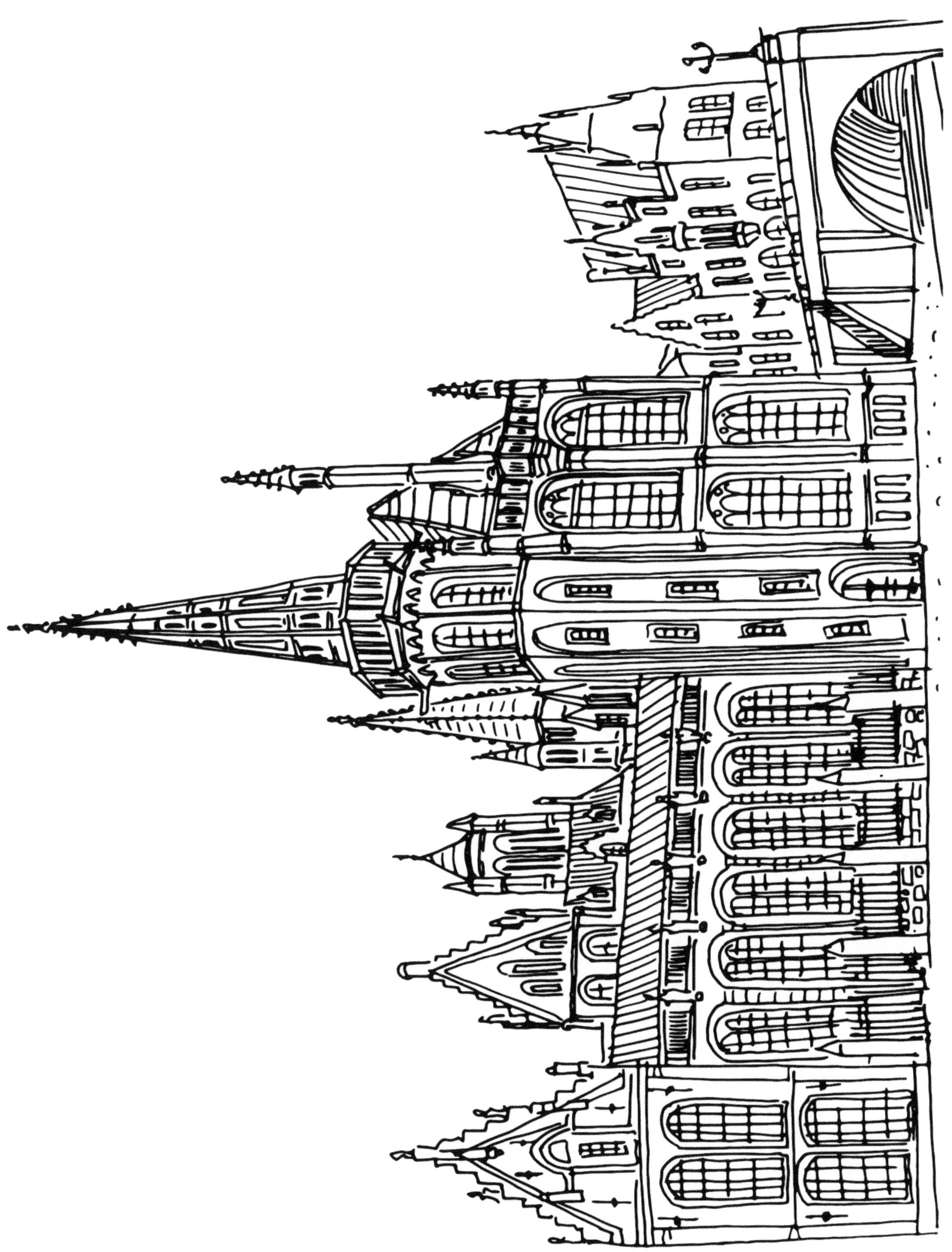

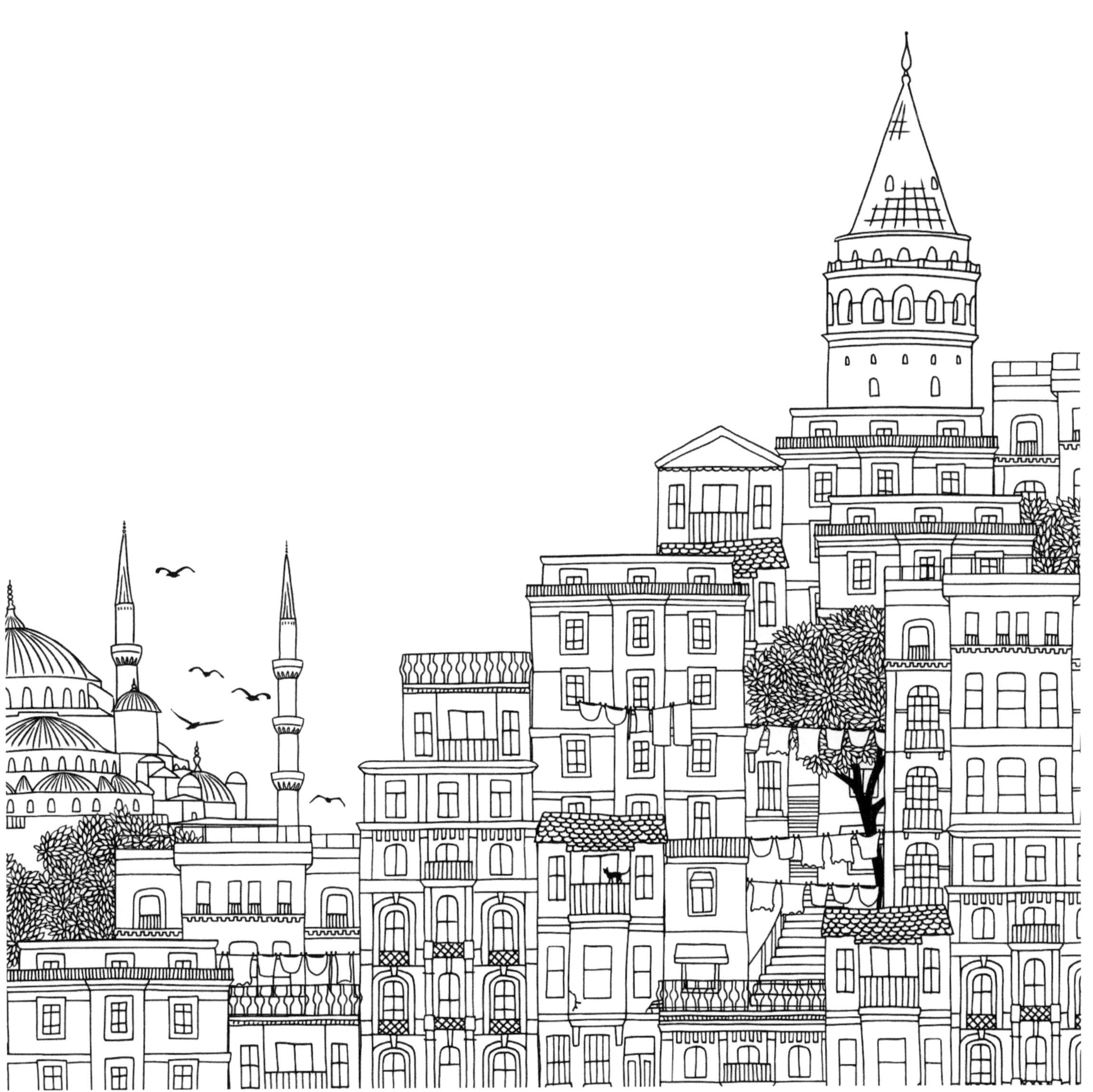

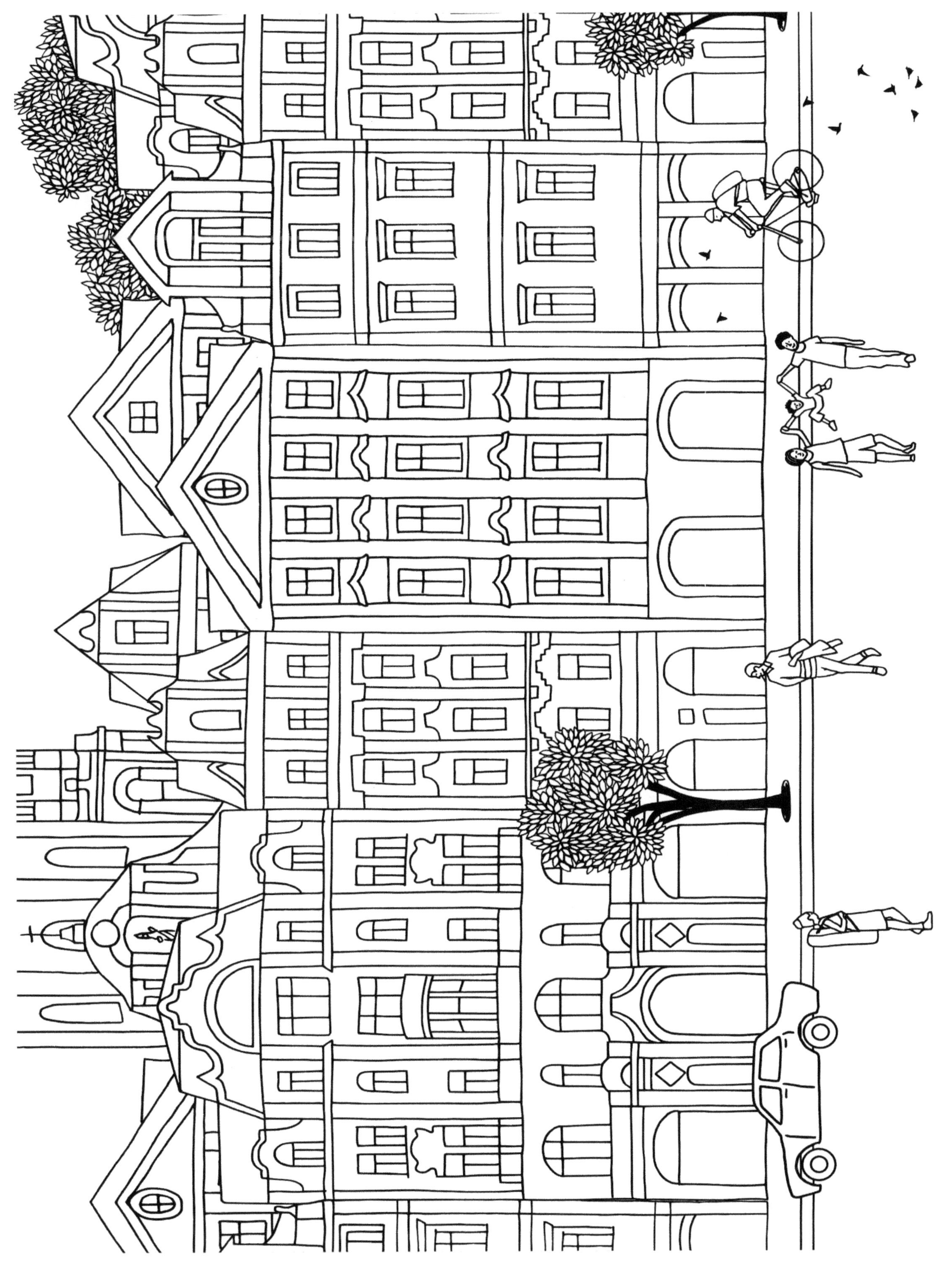

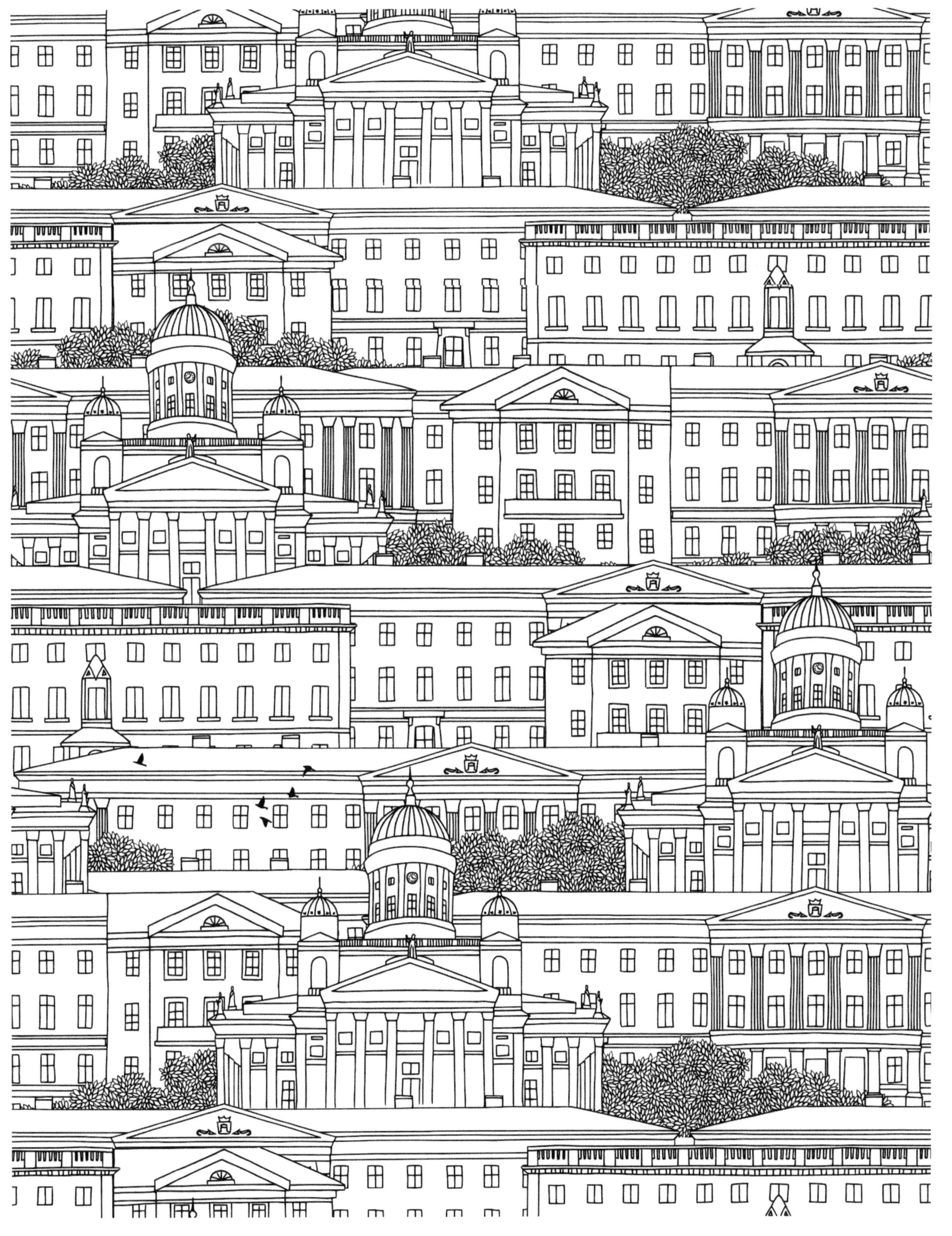

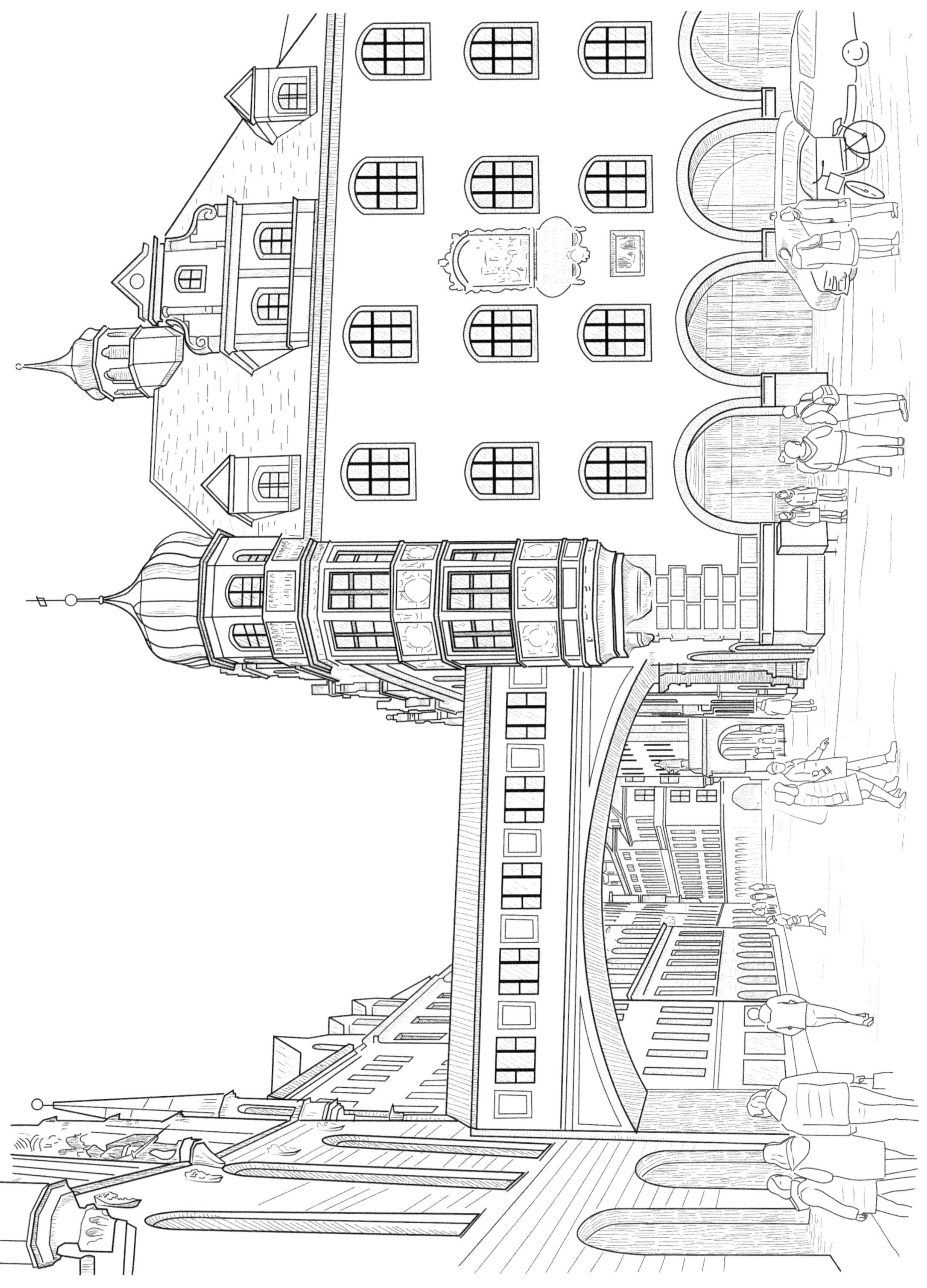

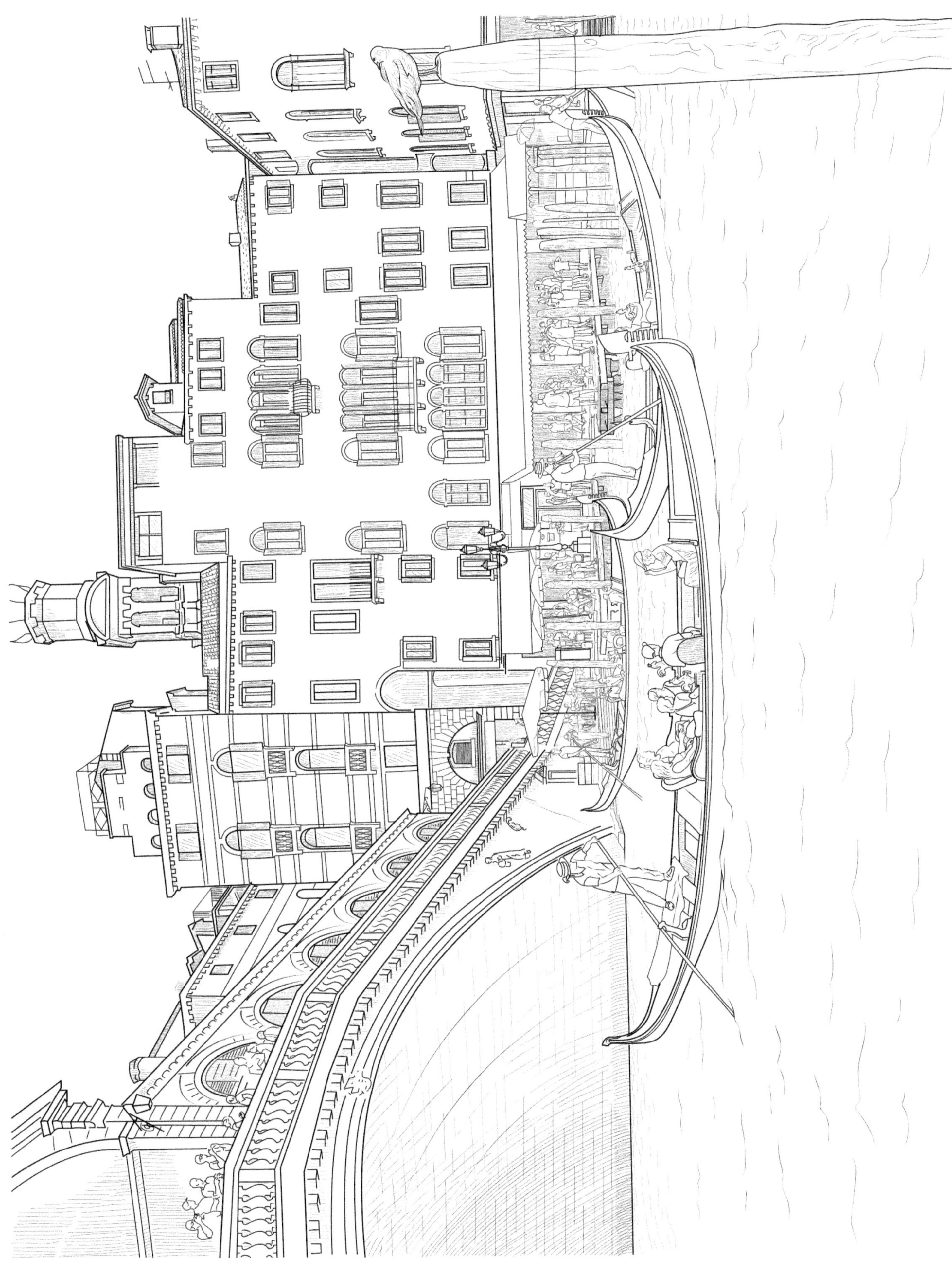

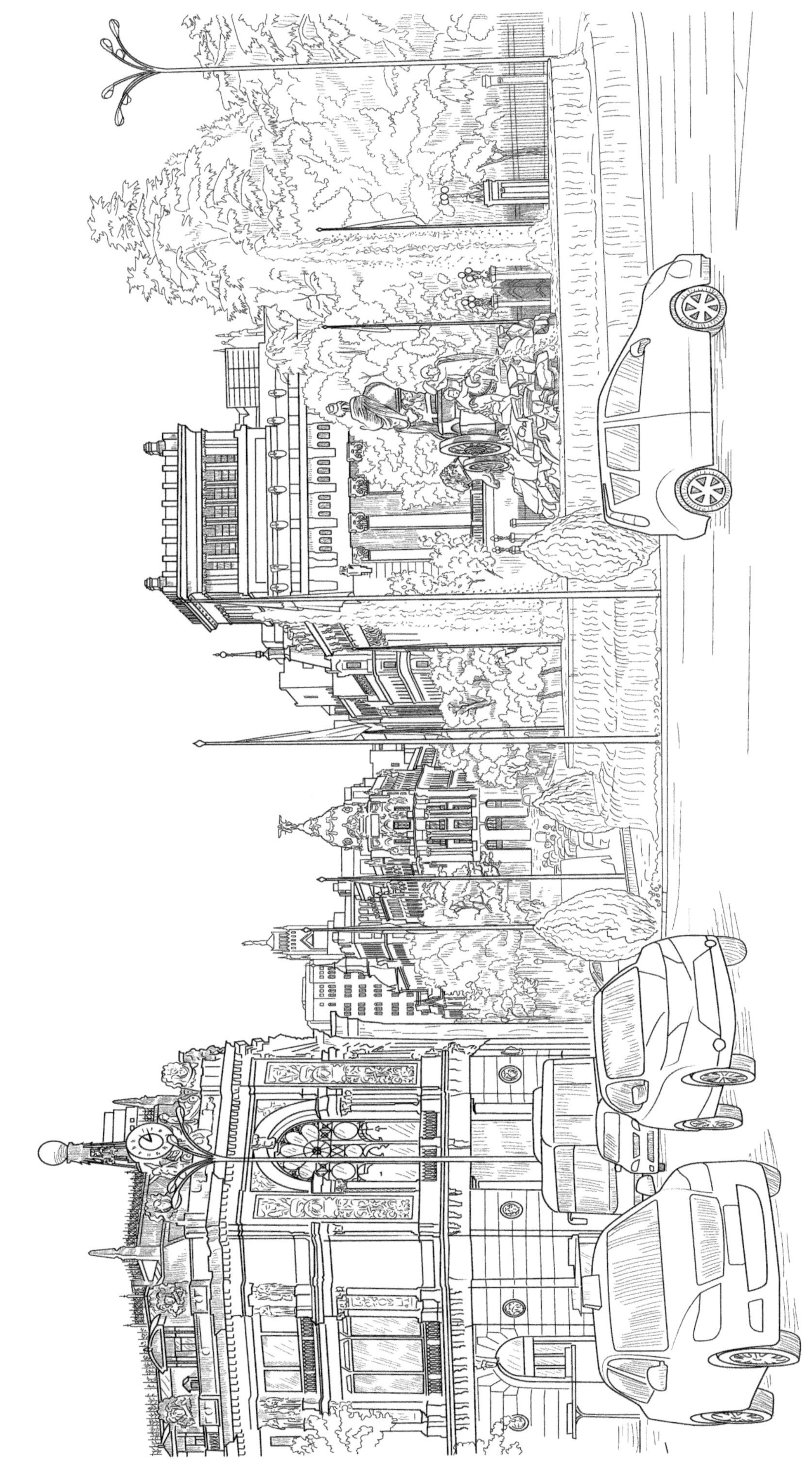

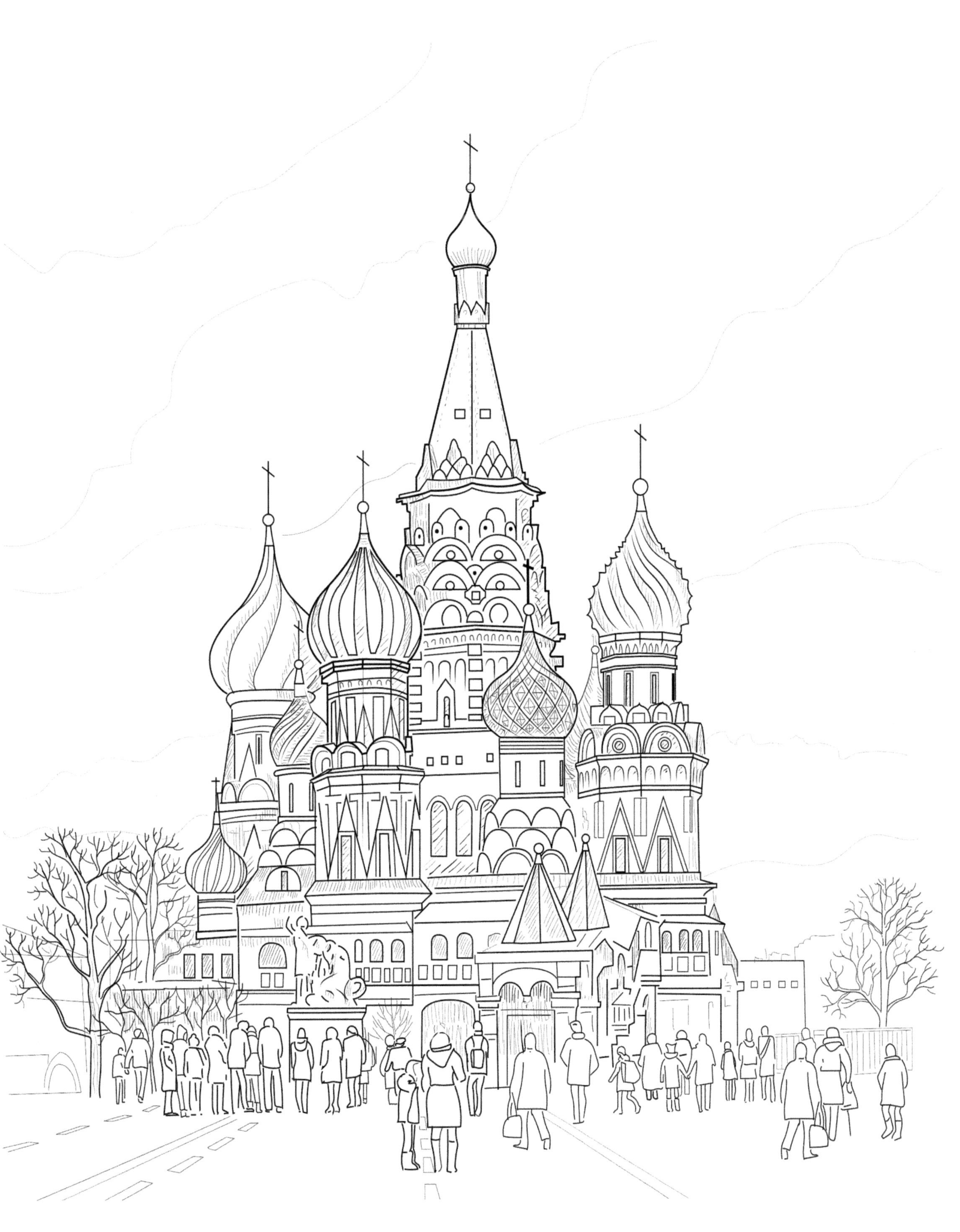

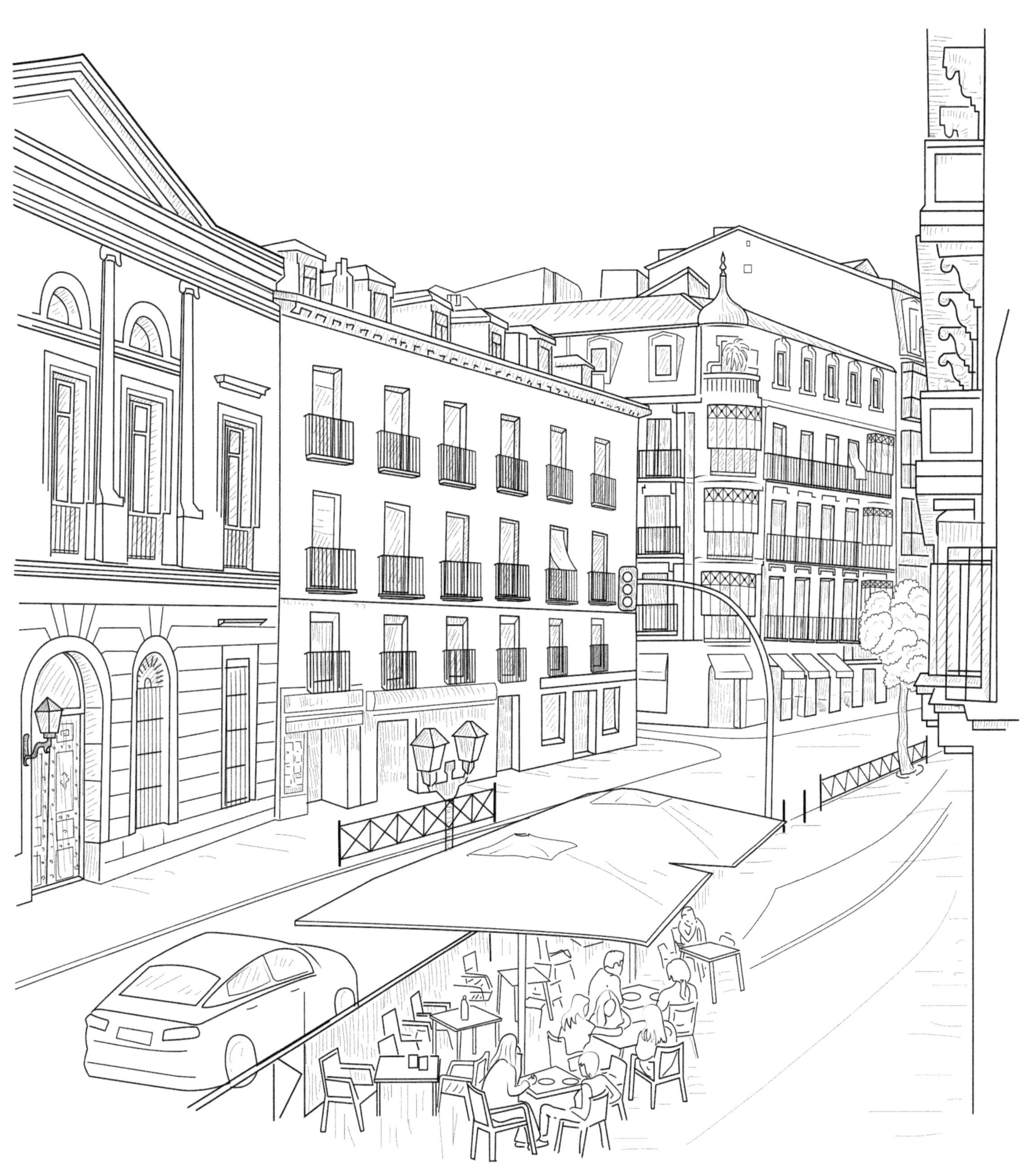

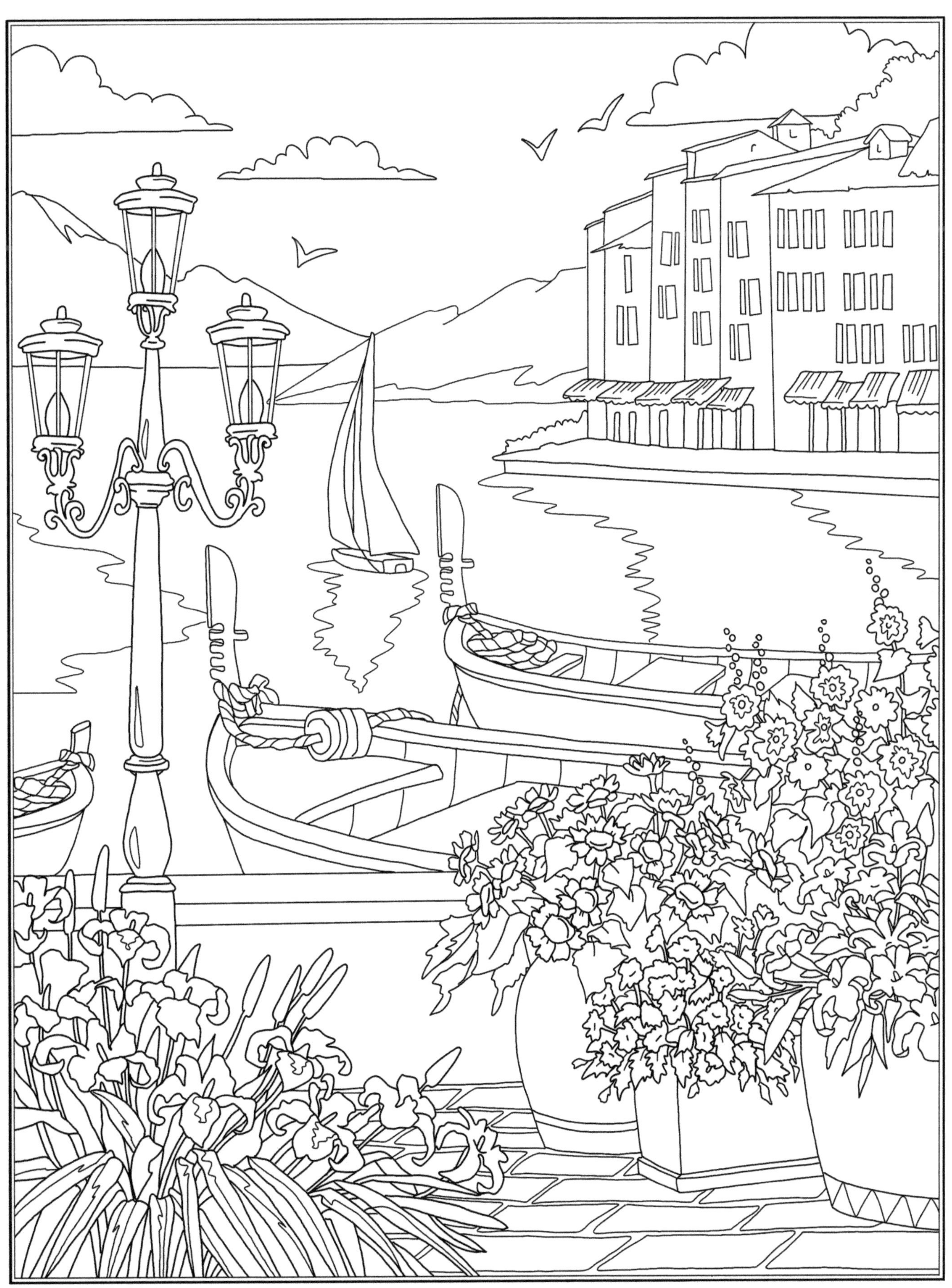

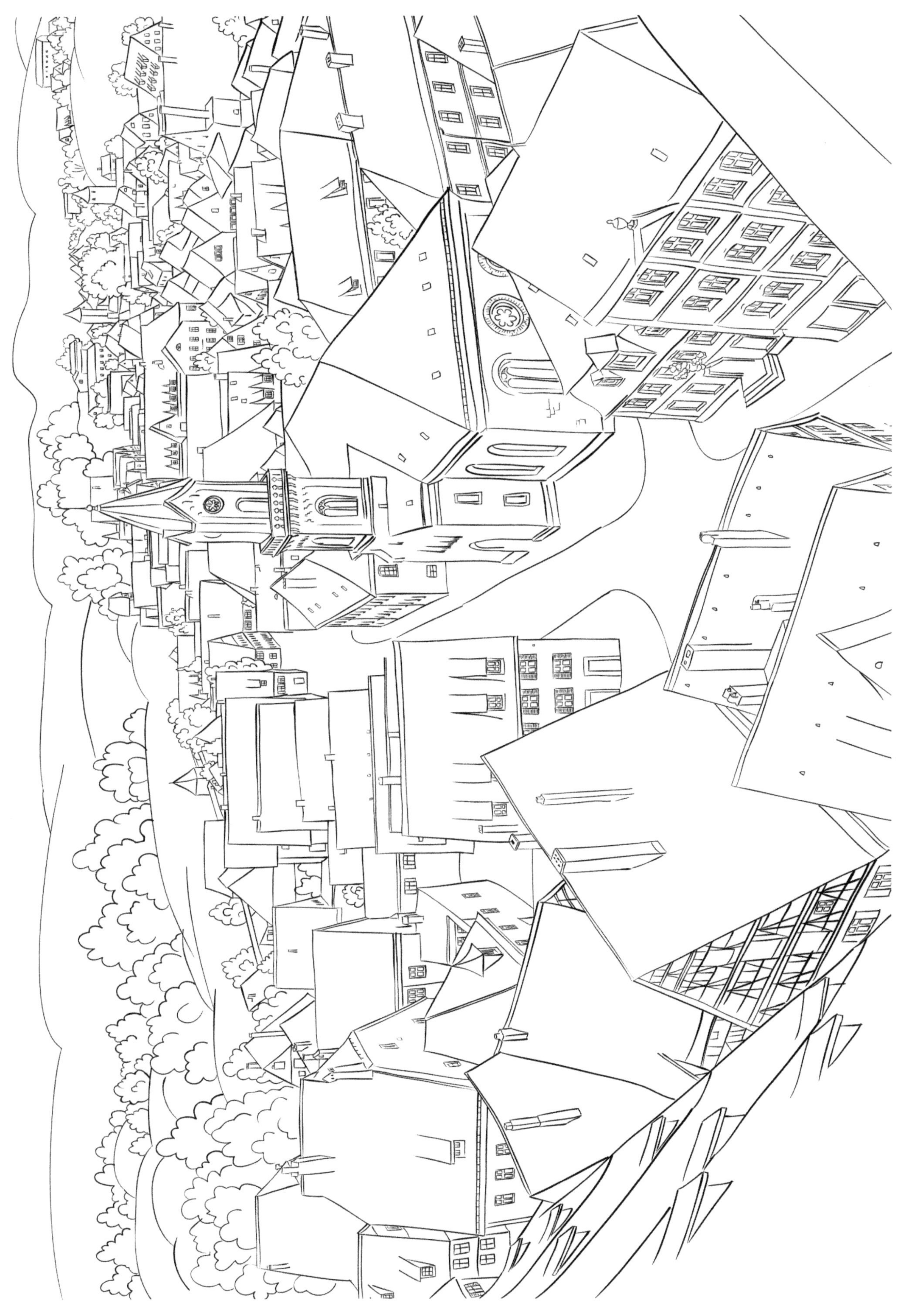

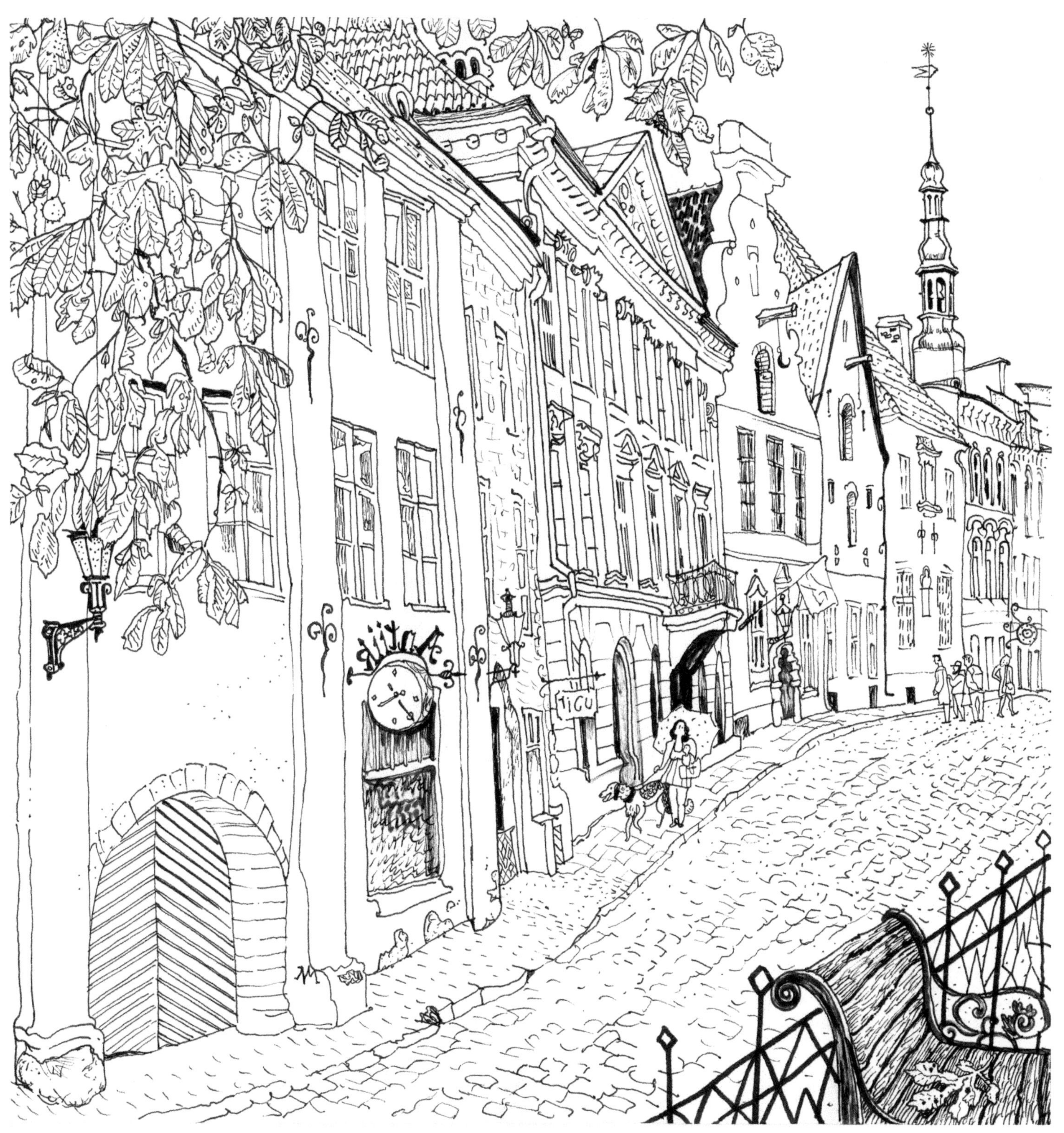
TIGU

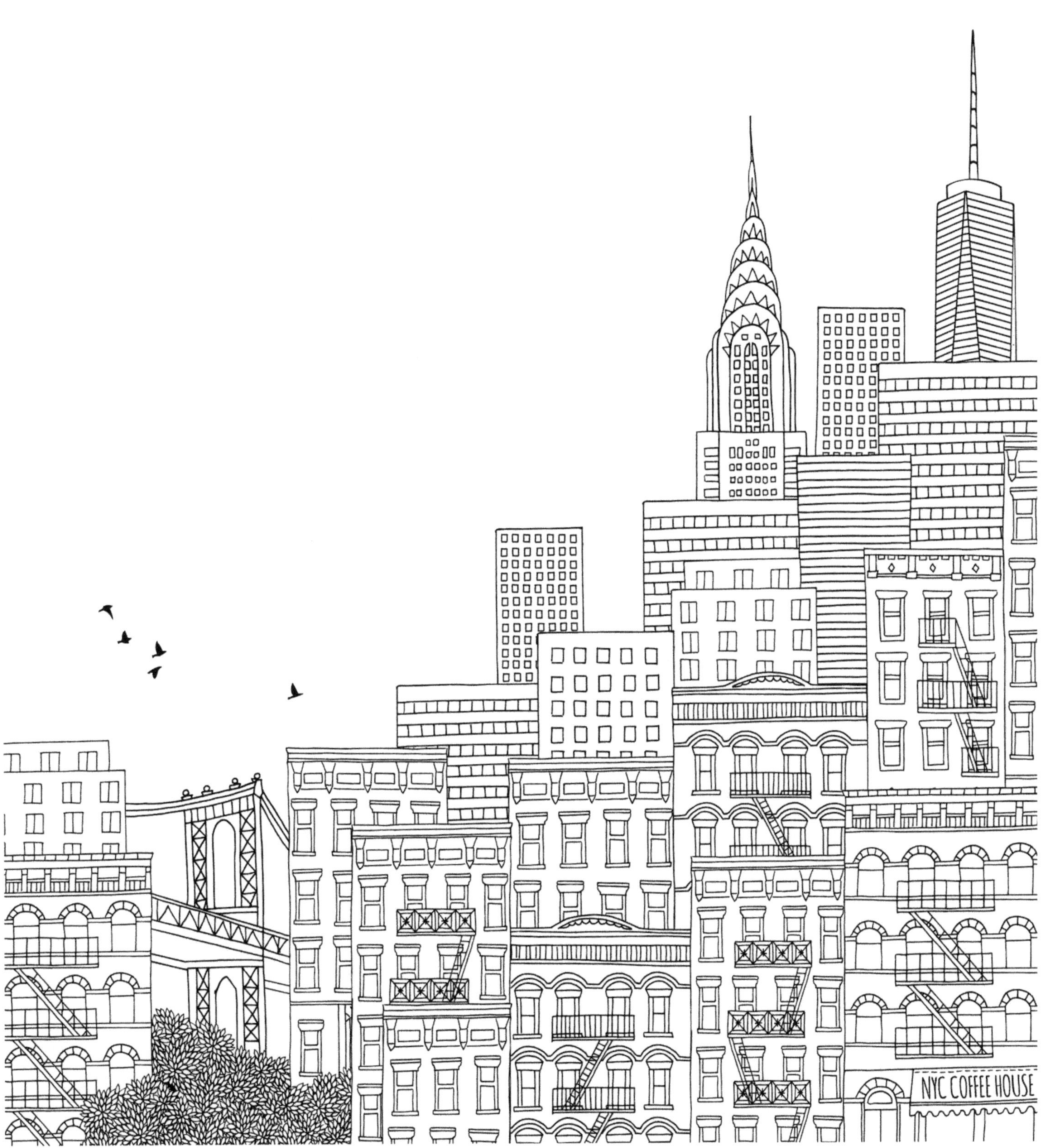
NYC COFFEE HOUSE

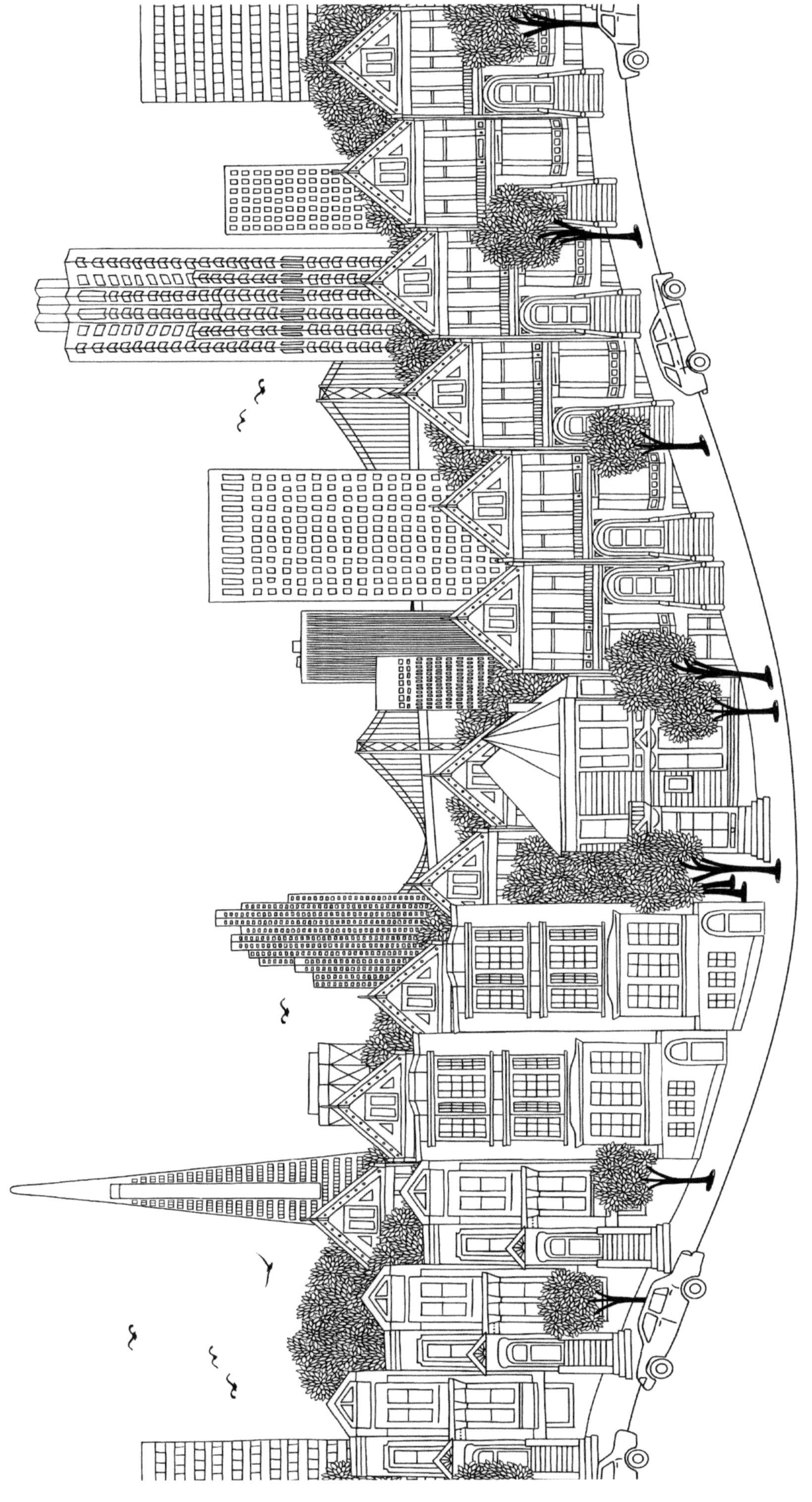

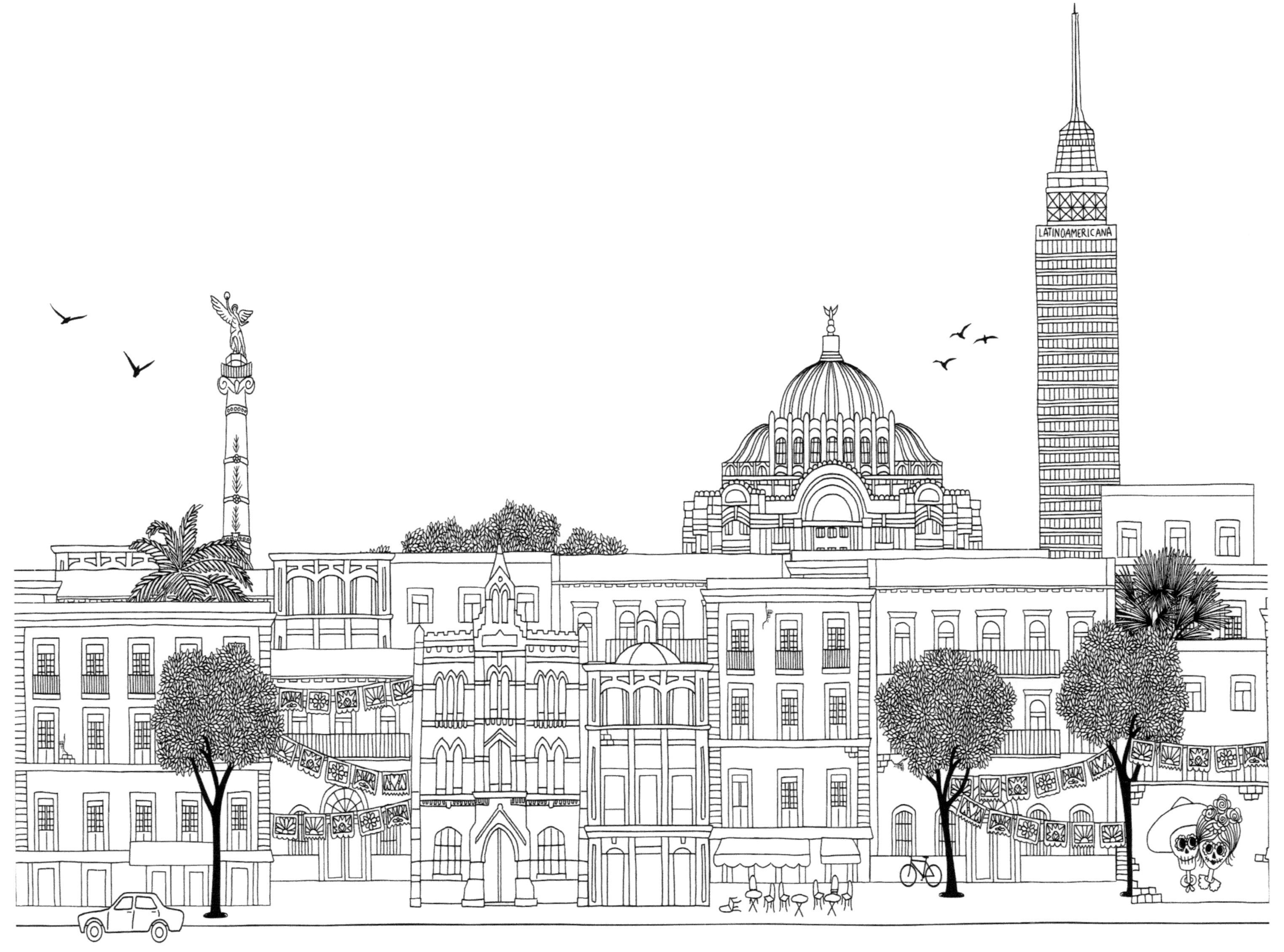
LATINOAMERICANA

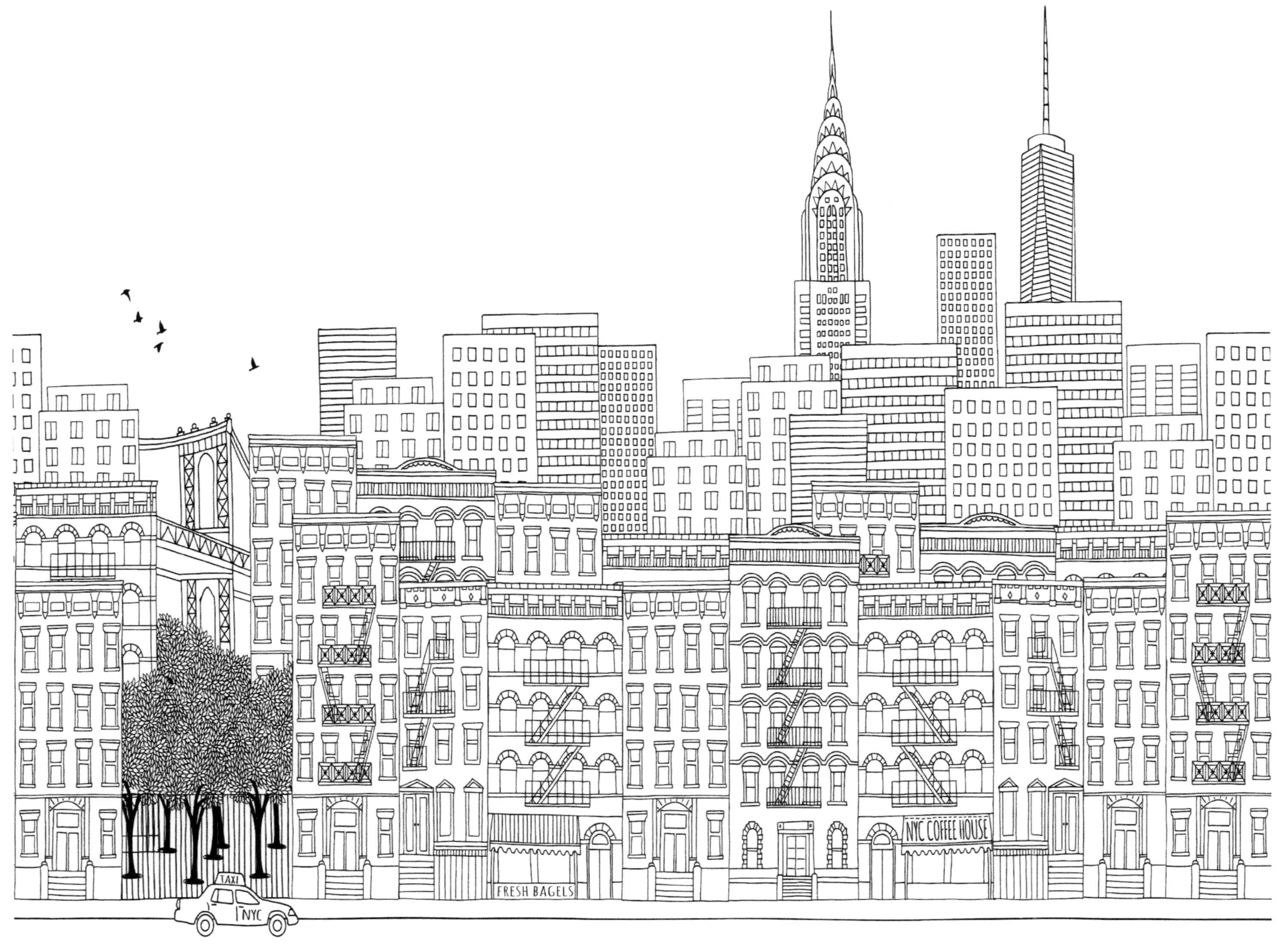
TAXI
NYC
FRESH BAGELS
NYC COFFEE HOUSE

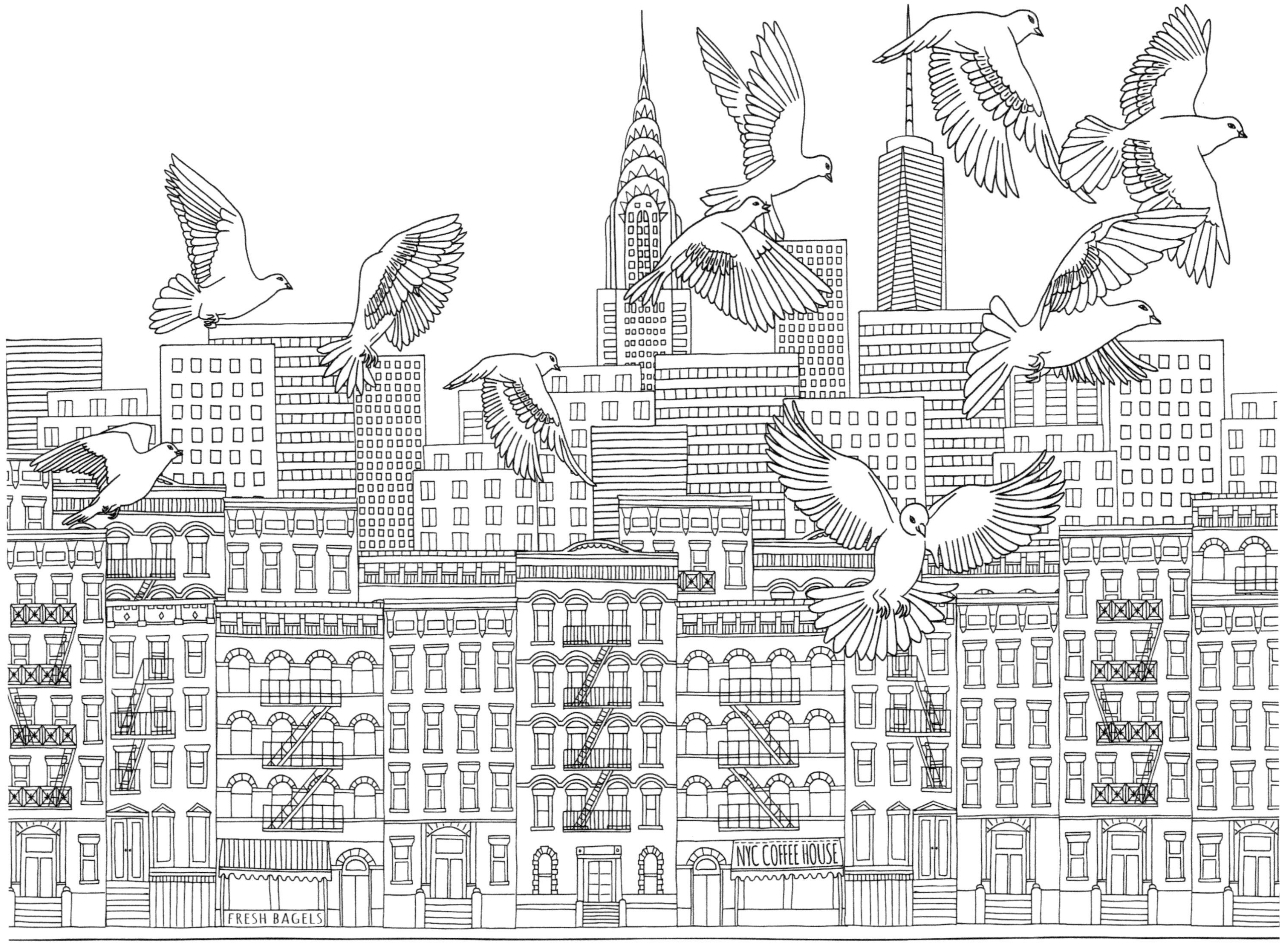
FRESH BAGELS
NYC COFFEE HOUSE

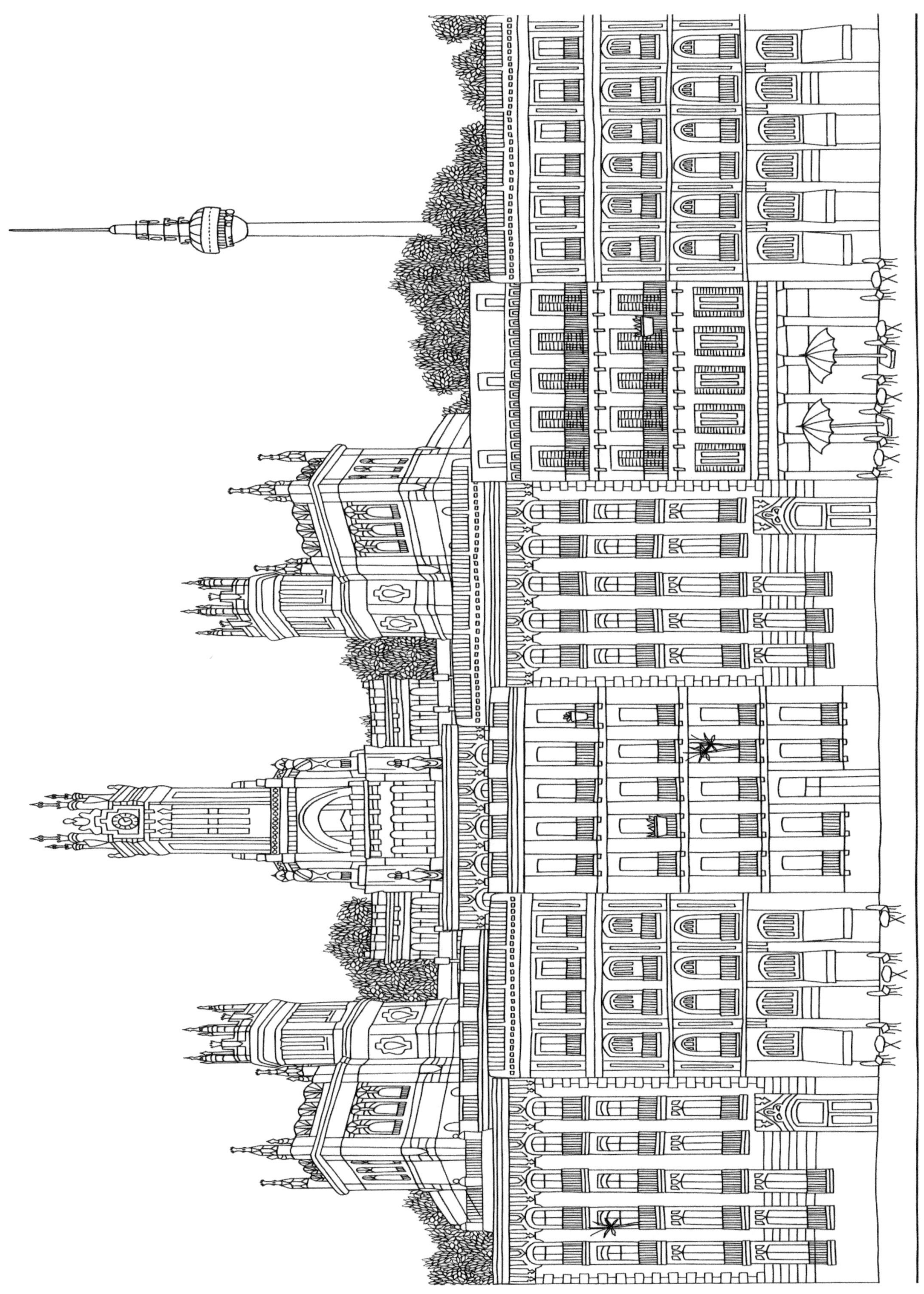

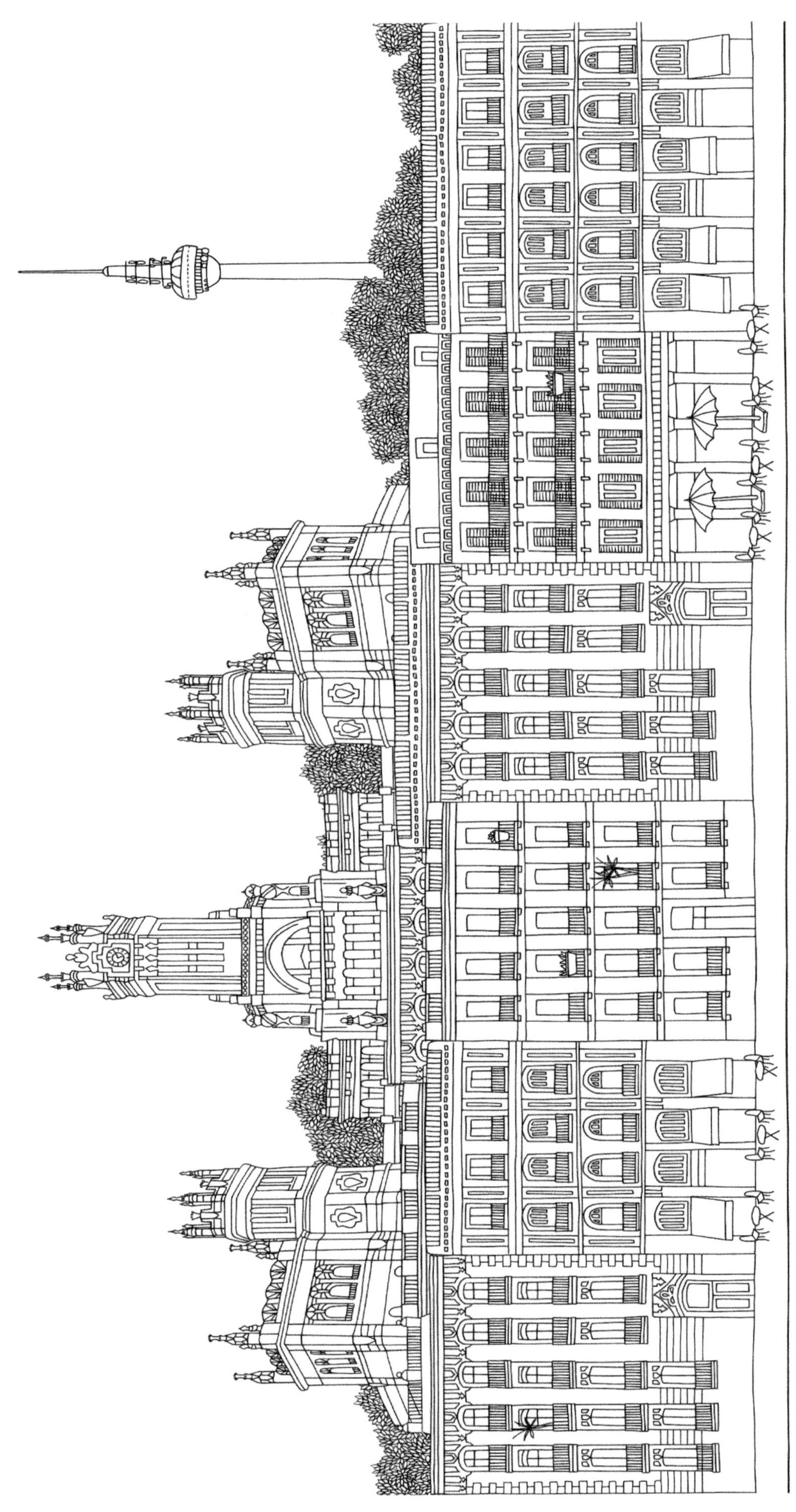

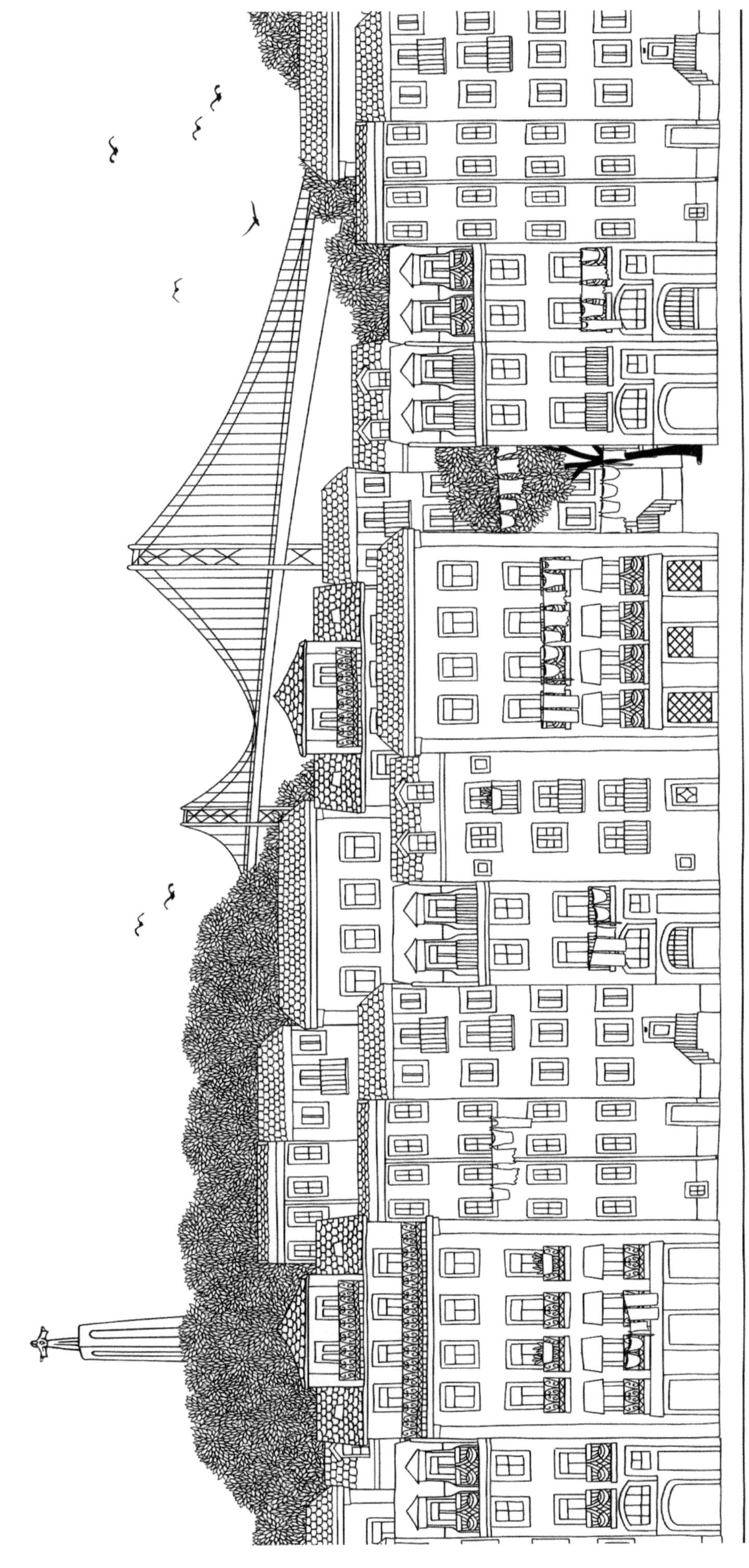

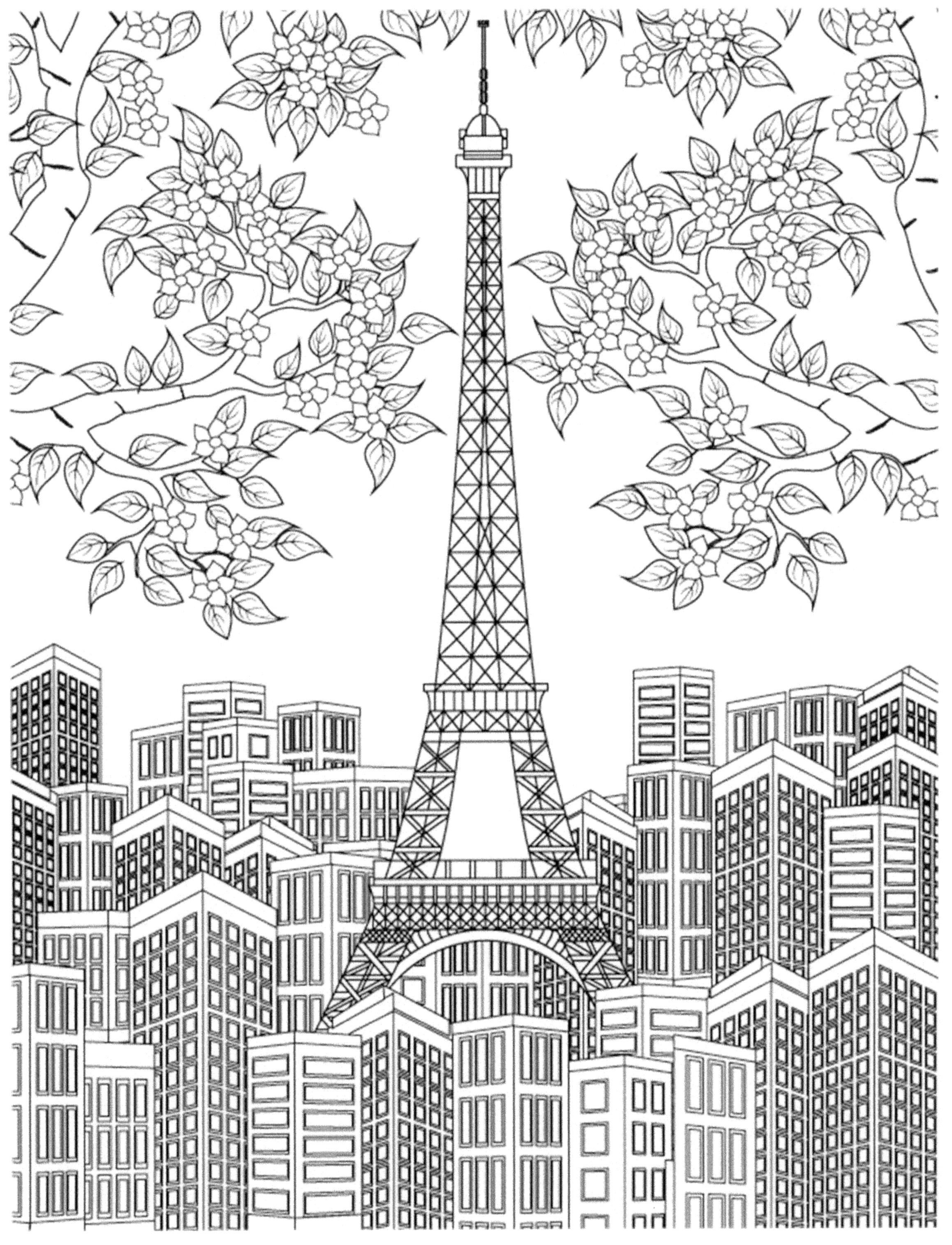

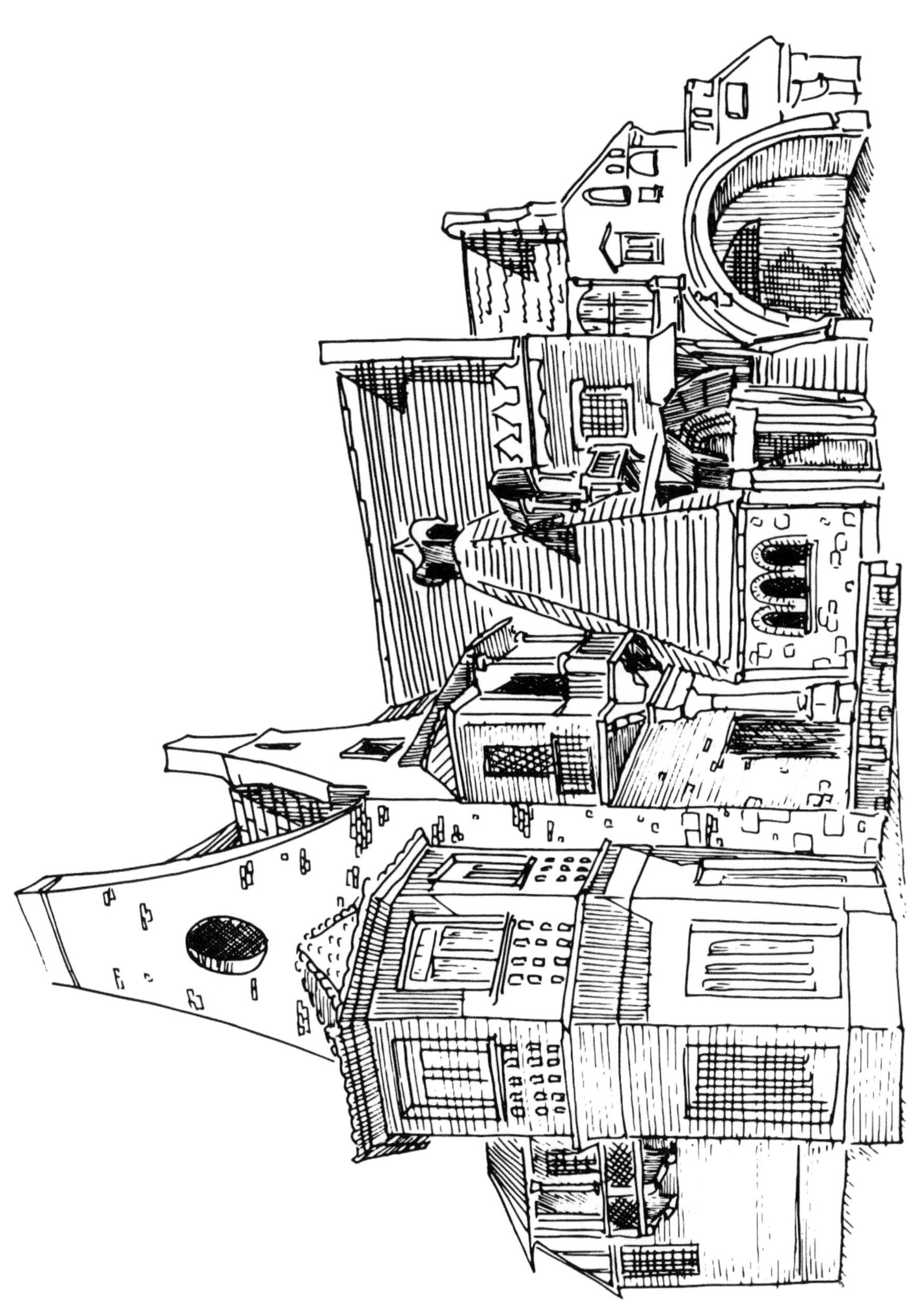

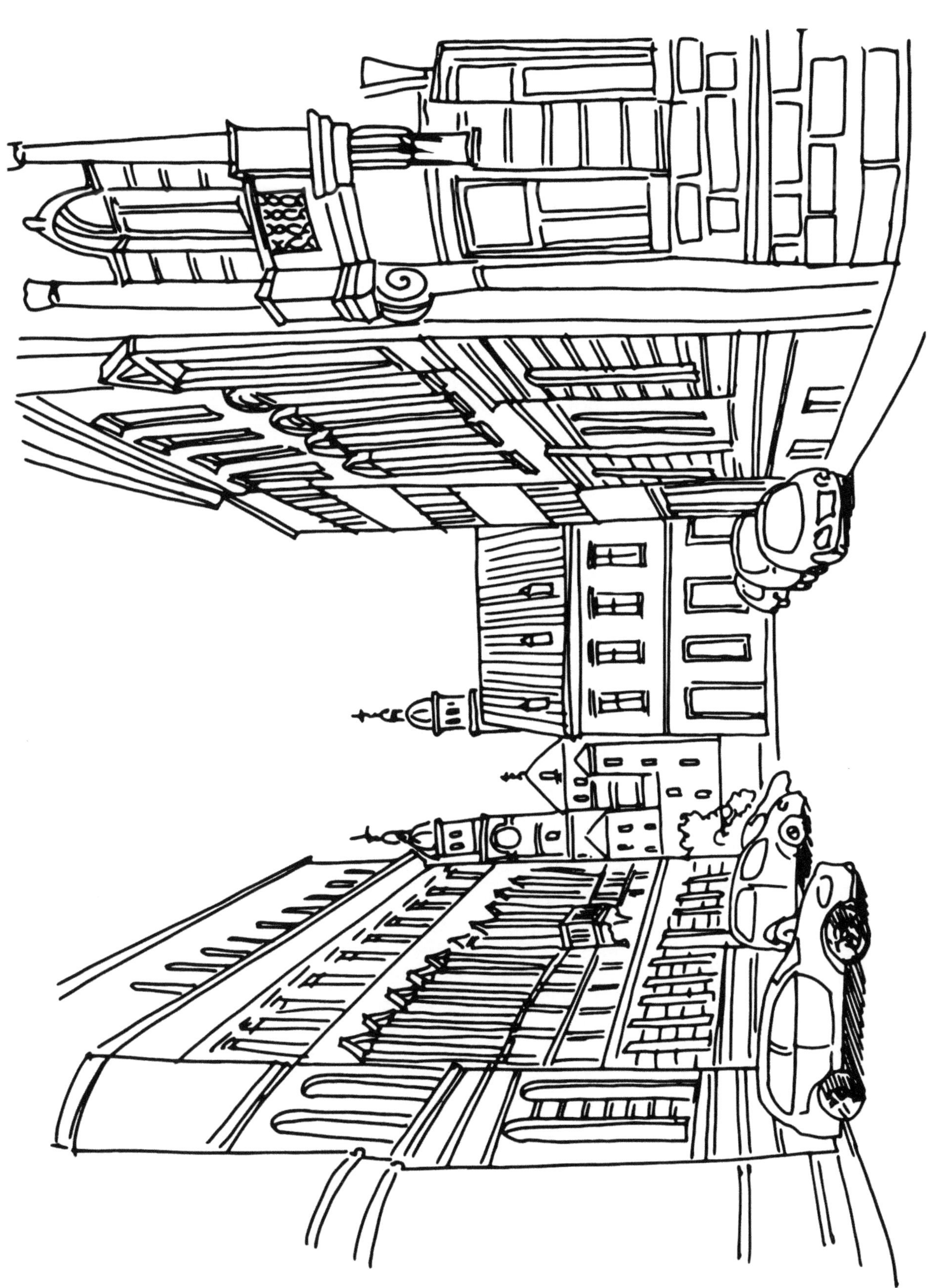

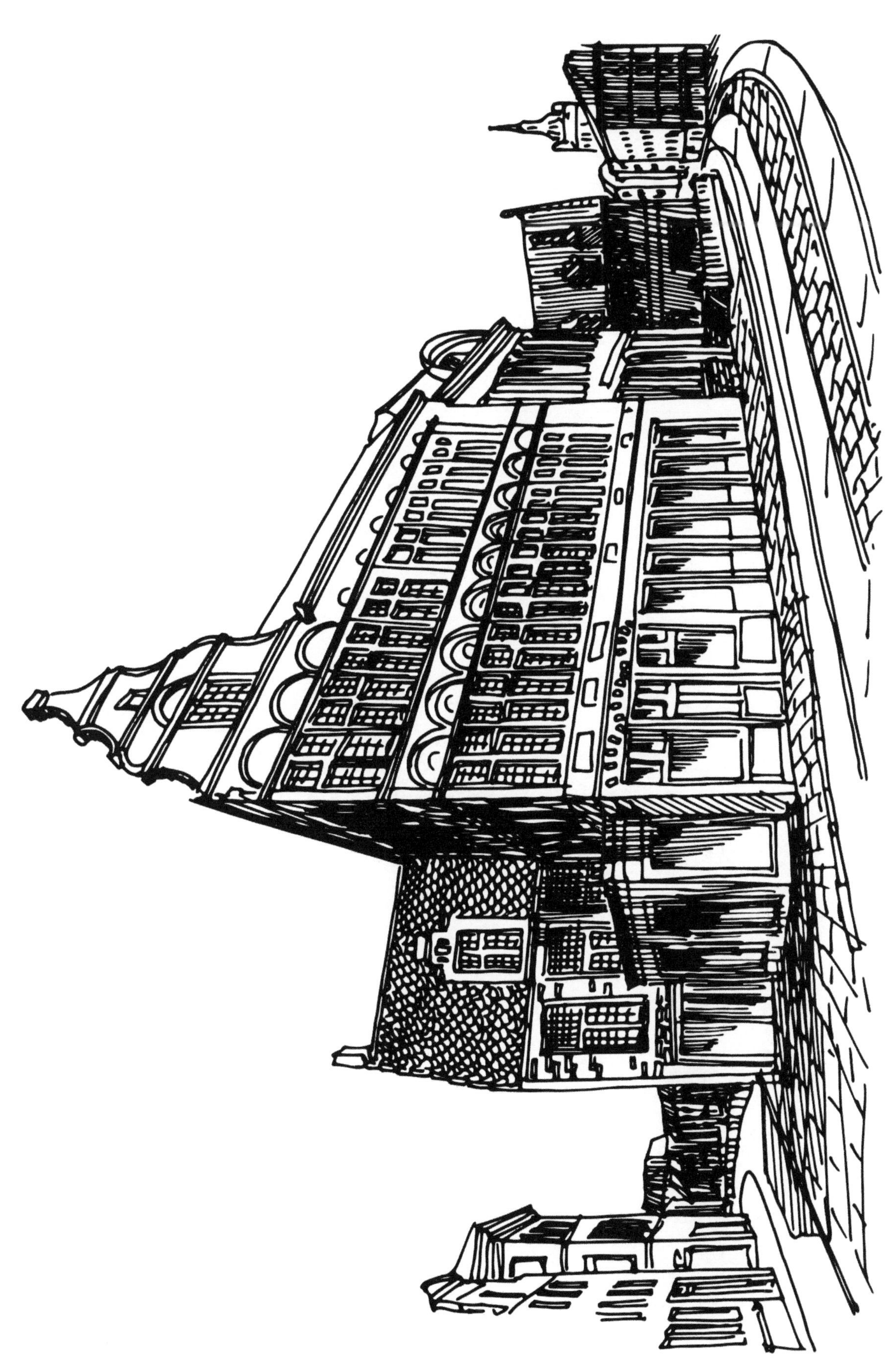

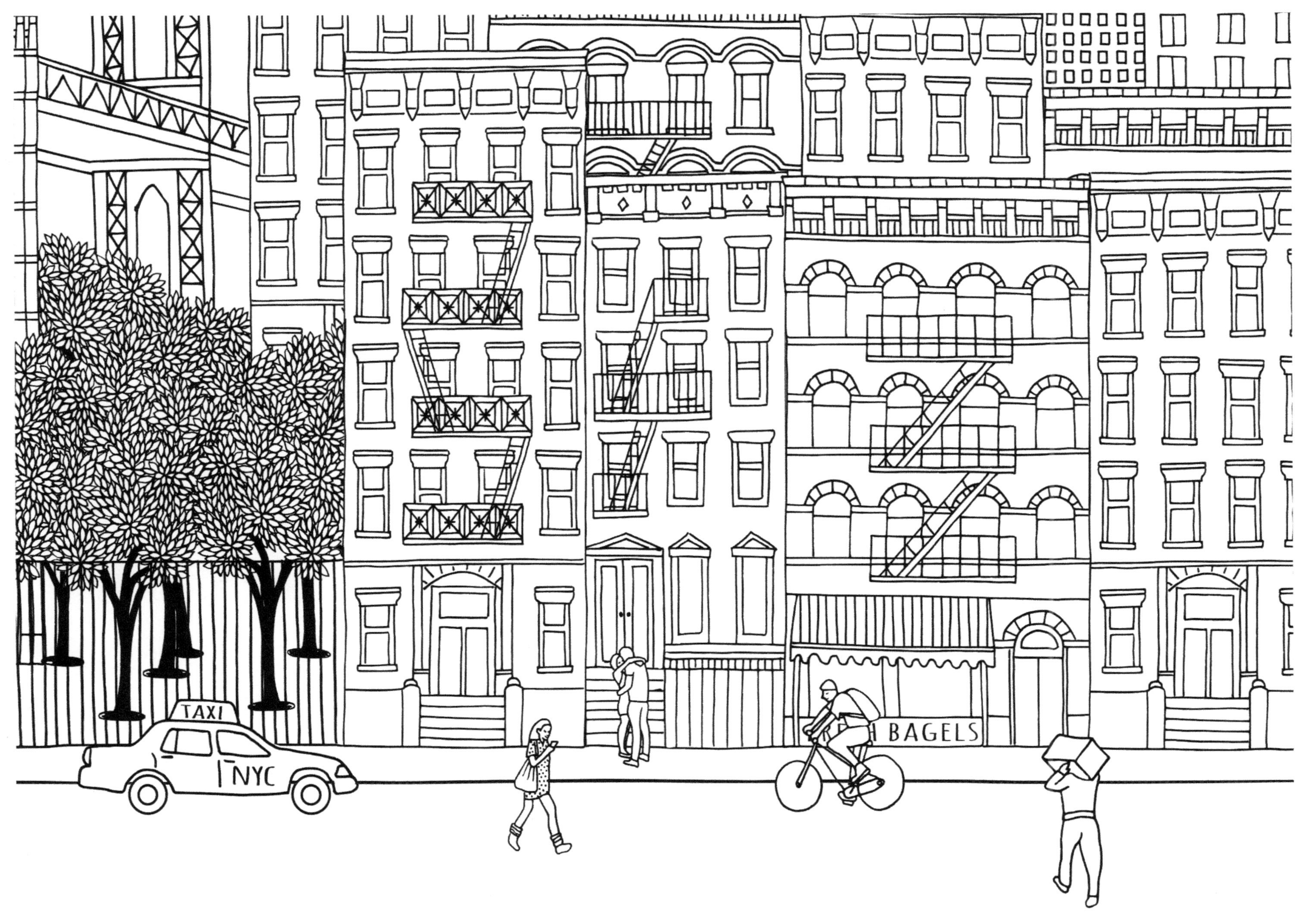
TAXI
NYC
BAGELS

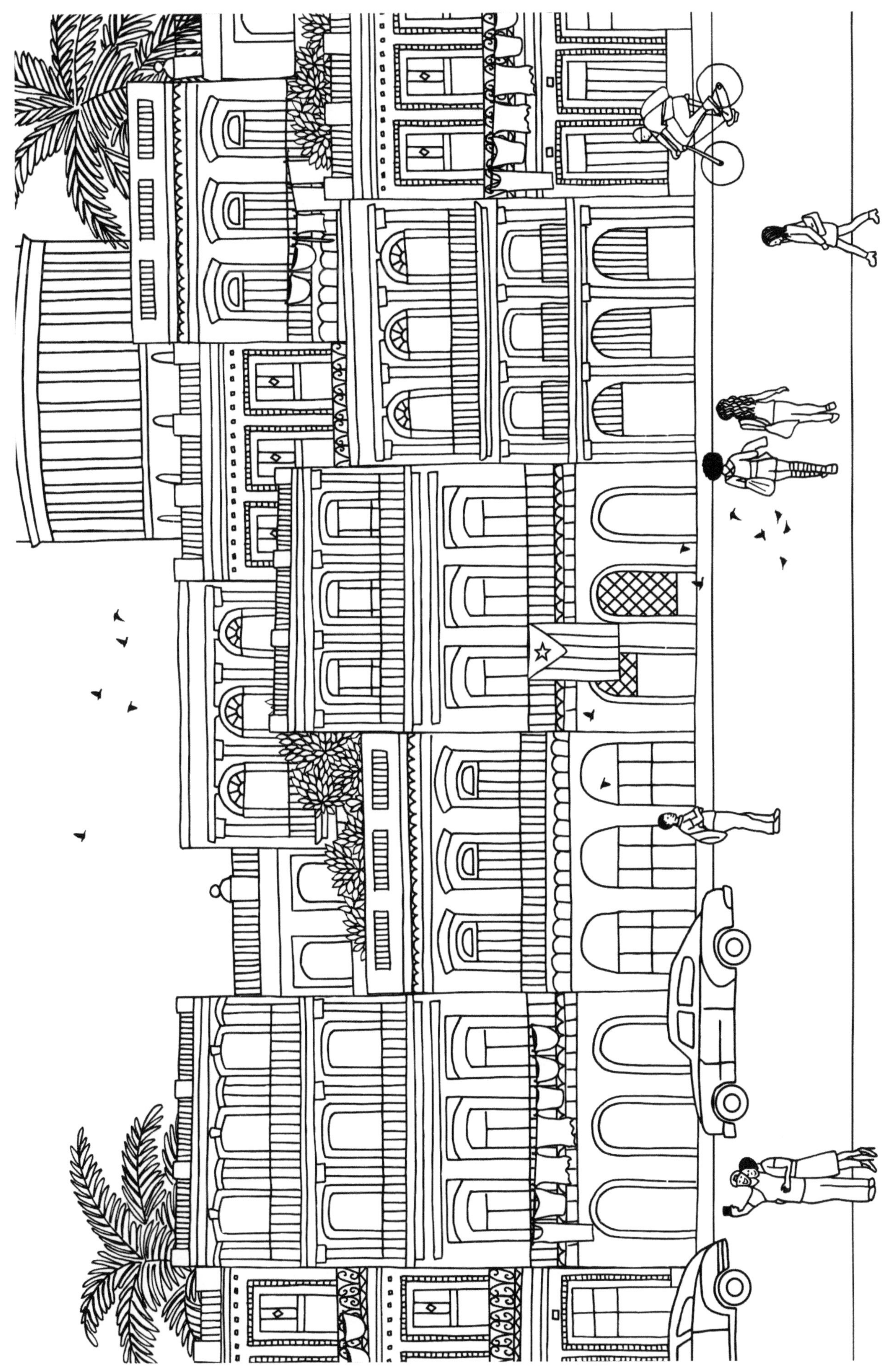

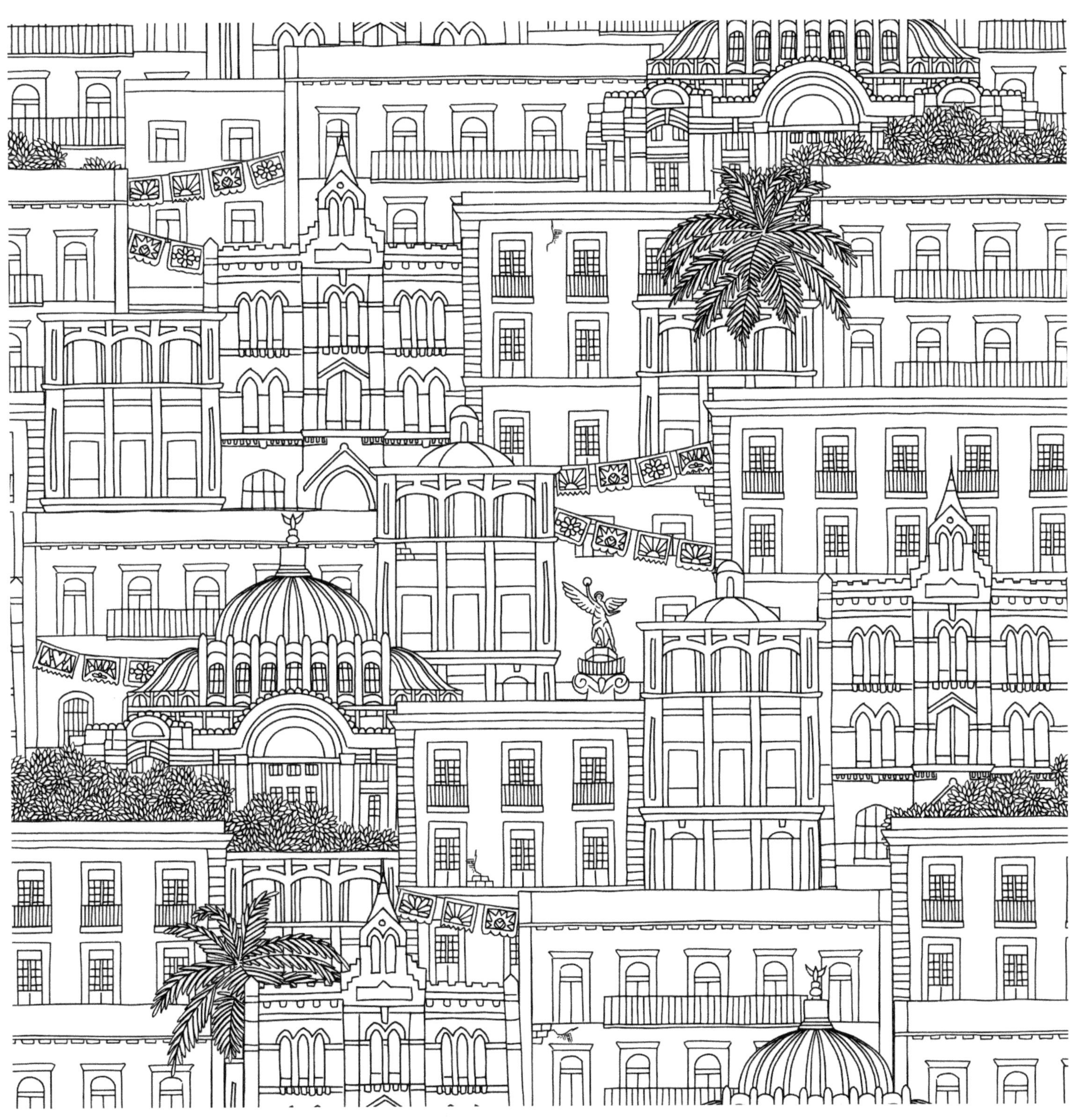

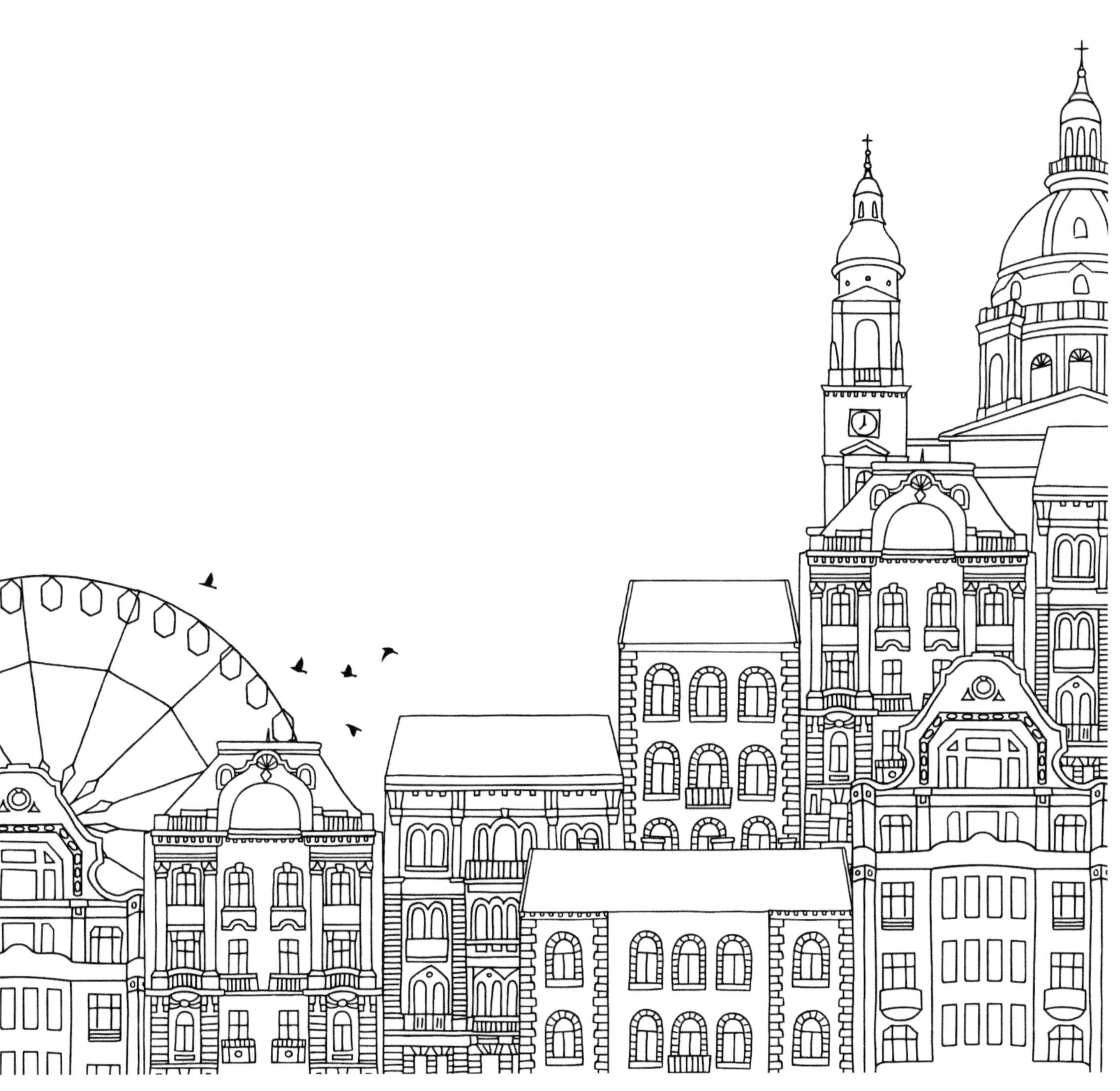

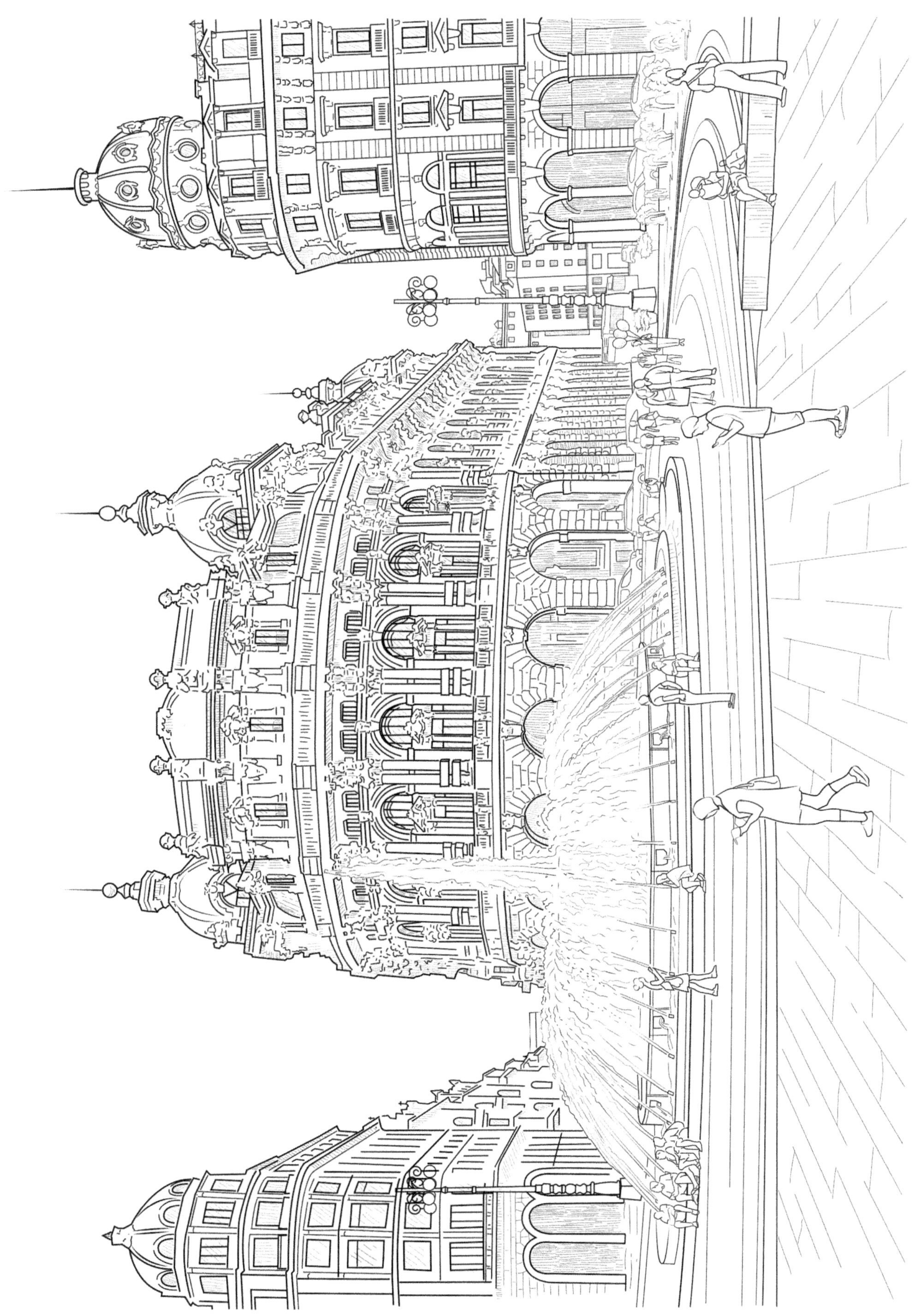

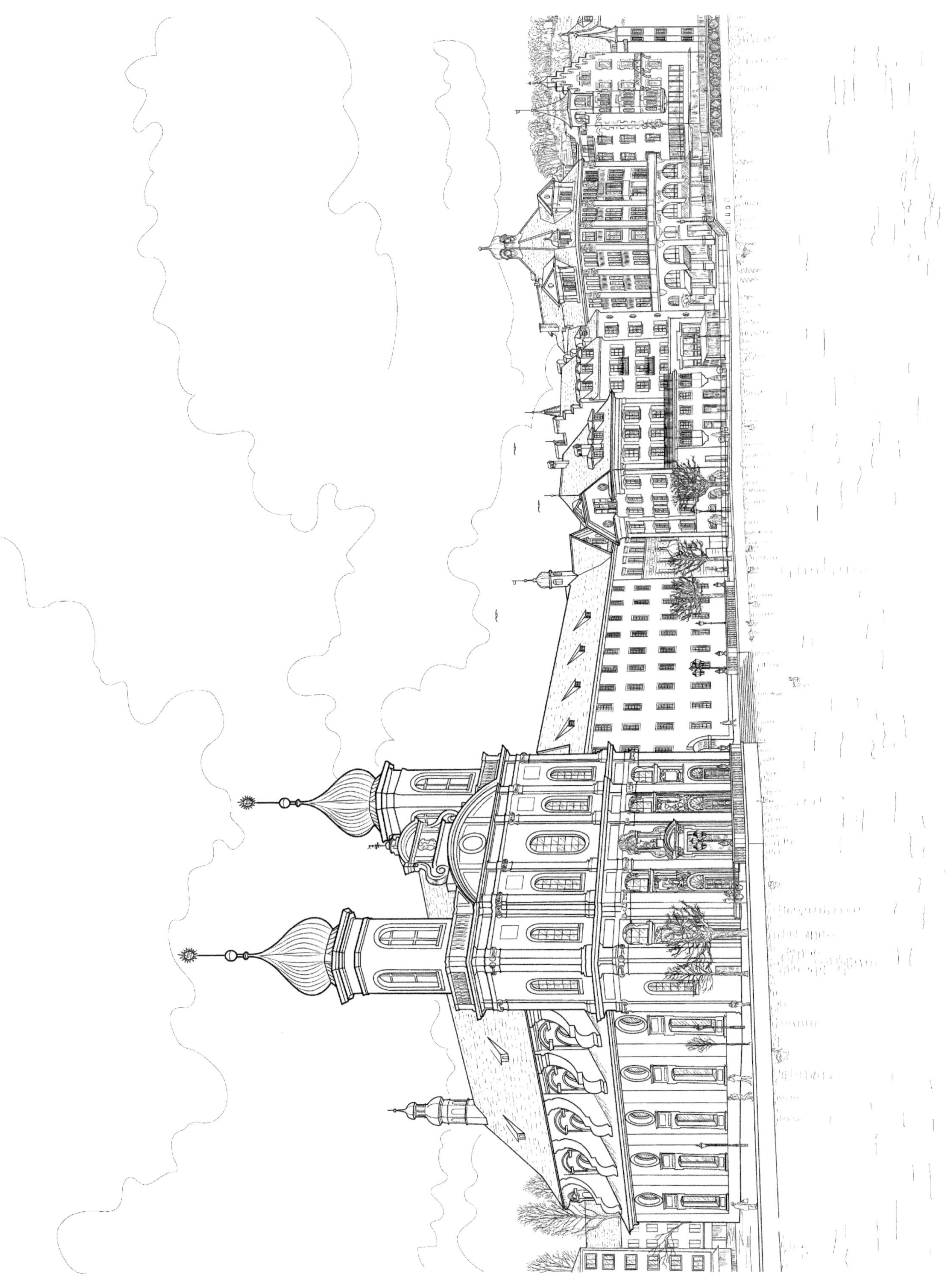

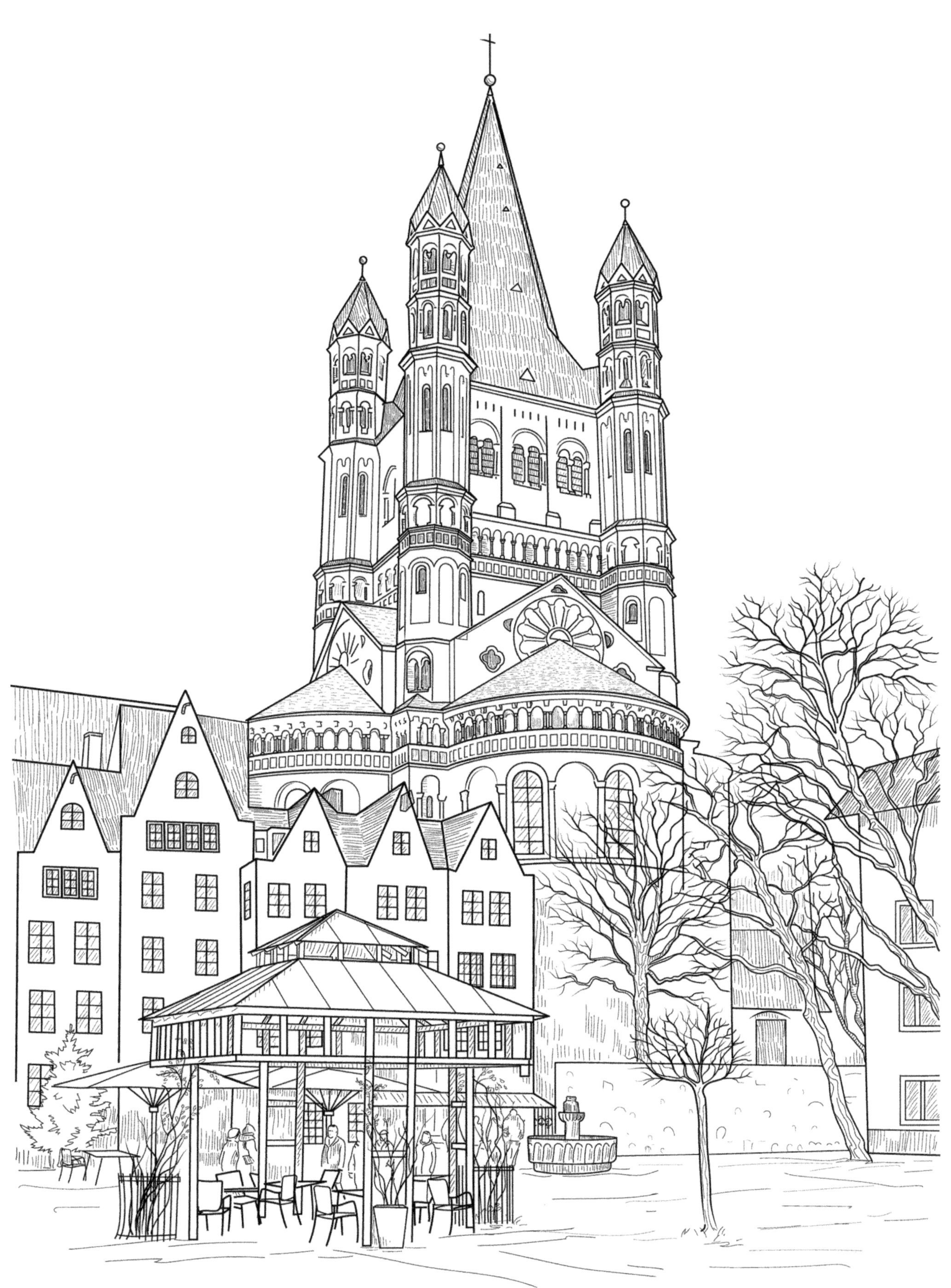

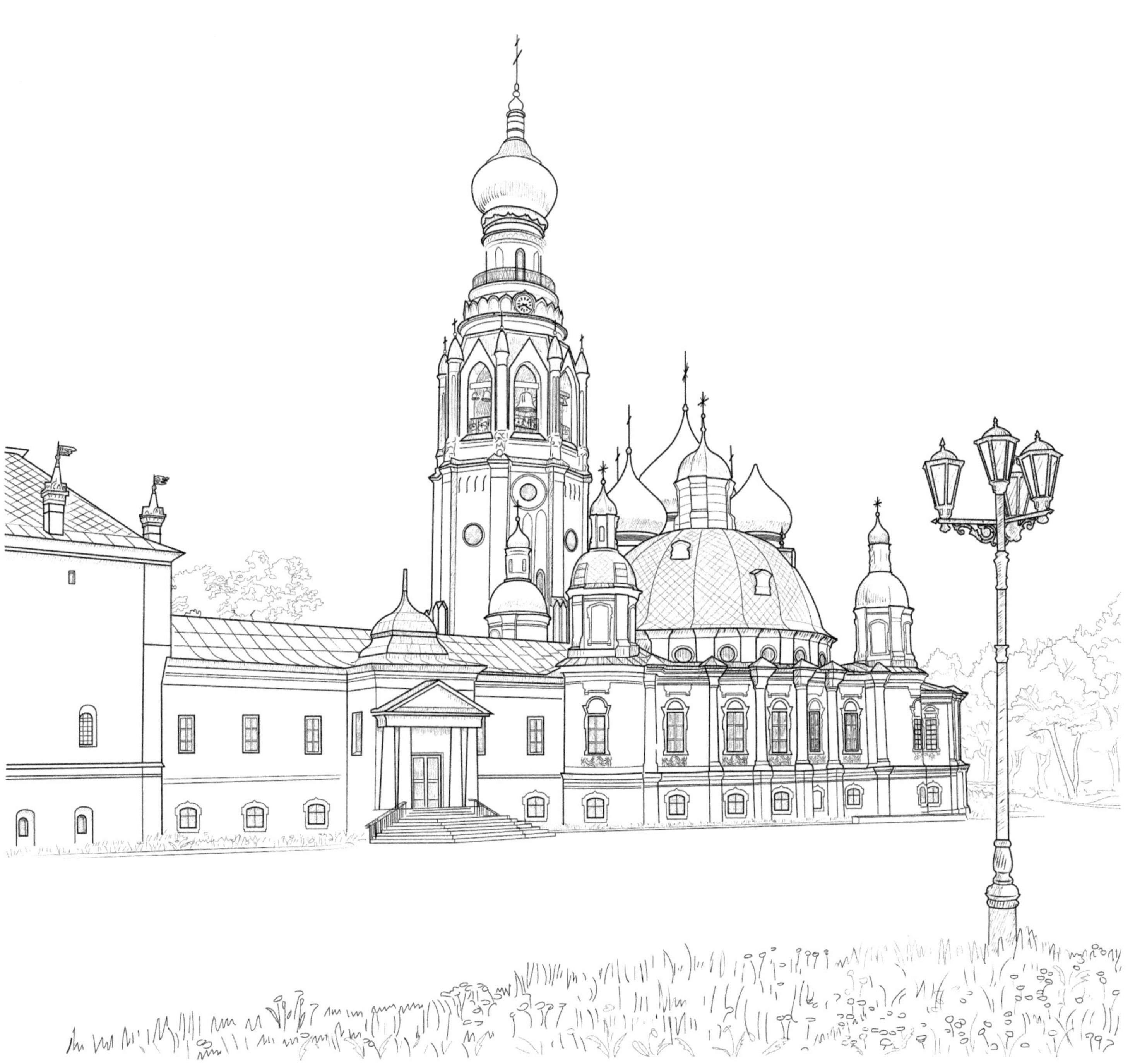

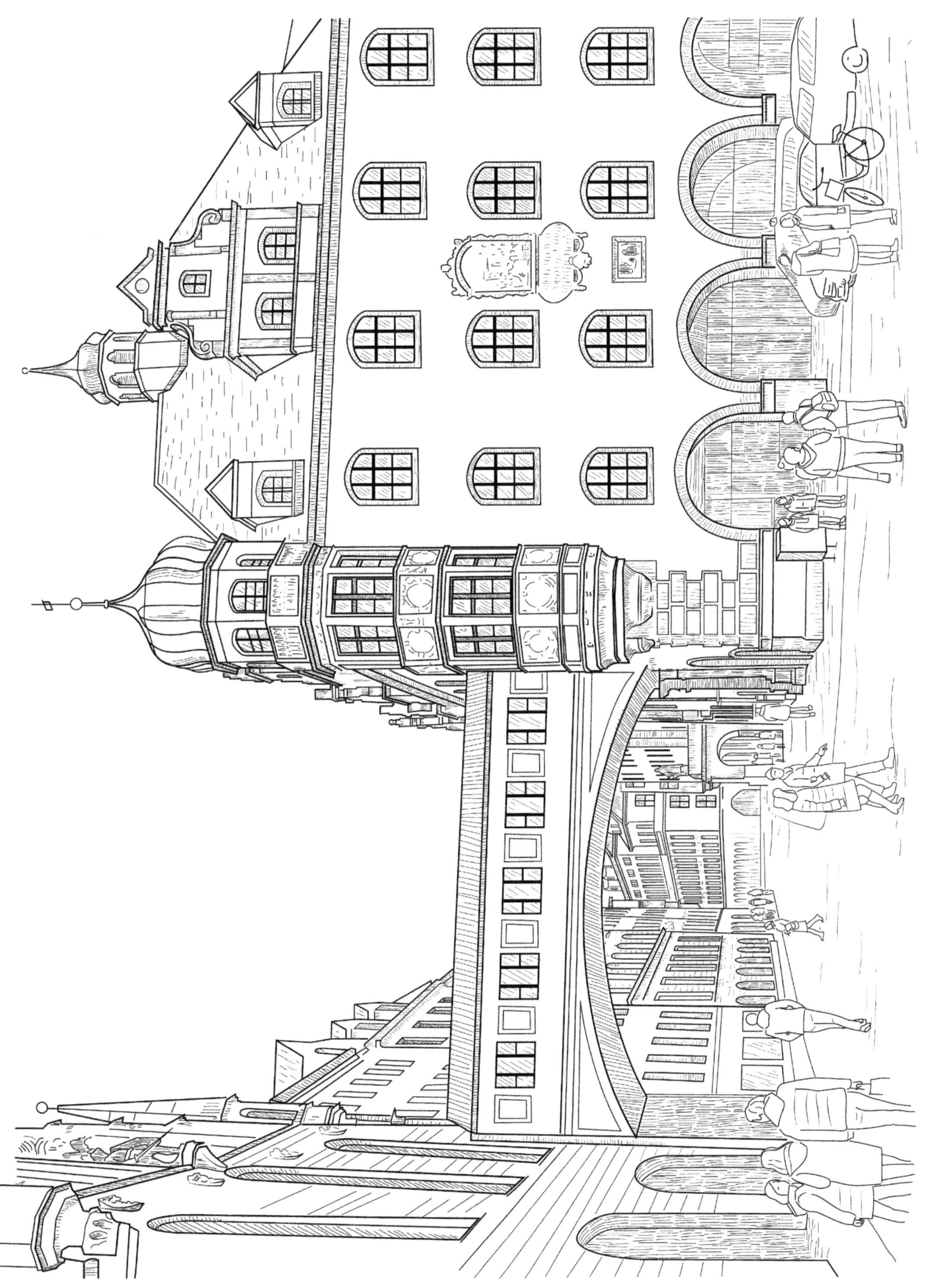

Lightning Source UK Ltd.
Milton Keynes UK
UKHW051620010620
364250UK00009B/231